Mi Botiquín Psicológico

Andrea Rubiano G.

Primeros auxilios para tu mente

A Dios, por no soltarme jamás.
A mi madre, mi mejor porrista, podría decirle que voy a vender tapas para volcanes y ella dirá que es la mejor idea.
A mis hijos, por existir y darle vida a mi existencia.
A Lolo, porque sé que está sonriendo.
A Richard, por siempre estar.
A mi vida, porque así tenía que ser...

Índice

Prólogo 9

Introducción 13

Primera parte

Aprendamos un poco

El cerebro 17
Neurotransmisores 26
Hormonas 28
Alimentación y cuidado del cuerpo 38
Microbioma intestinal 41
Actividad física 43
Neuroplasticidad 44
Emociones 48
Inteligencia emocional 51
Sentimientos 53
Trastornos y enfermedad mental 57

Segunda parte

Ahora sí, vamos a abrir el botiquín...

Euforia 64
Tristeza 66
Ira 70
Miedo 74
Ansiedad 78
Depresión 83
Pánico 89
Límites 93
Procrastinación 95
Fracaso 99
Metas 104

Autoconcepto 107
Autoestima 111
Soledad 116
Comunicación 121
Perdón 124
Sanar 128
Apegos 133
Incertidumbre 137
Trauma 143
Bullying y ciberacoso 148
Ruptura amorosa 151
Duelo 158
Familia 165
Sueño 170
Hijos 176
Abuso reactivo 180
Heridas de infancia 184
Pensamientos intrusivos 189
Comparación 194
Trastornos alimenticios 199
Manipulación 203
Trastorno dismórfico corporal 209
Indecisión 212

Tercera parte

Sí o sí, lo que sigue debes hacerlo...
Disciplina 218
Hábitos 224
Respiración 229
Mindfulness 235

Cuarta parte

Cositas que solo te traerán bienestar...
Leer 245
Agradecimiento 257
Pensamientos positivos 269
Hasta la próxima... 285

Prólogo

Armenia, Quindío, 1991, colegio del Sagrado Corazón de Jesús (Hermanas Bethlemitas). Allí, estudiaba Andrea Rubiano en grado 11. Tuve la fortuna de ser uno de sus profesores. Se graduó ese año.

Hace unos días, me escribió al WhatsApp, ella, quien poco lo hace, pues reside en Suiza y labora allá. Yo no lo podía creer. El mensaje decía: "Hola, querido Manuel, hace algún tiempo te comenté que iba a escribir un libro, hoy te envío el borrador, y quiero tener el honor de que seas tú, quien escriba el prólogo. Ya terminé mi carrera de Psicología. Estoy tan feliz".

Se me aguaron los ojos y mi renovado corazón saltaba de alegría y emoción. Ella sabe que, desde cuando era mi alumna, siempre la aprecié. Conocí muchas etapas de su vida, momentos de alegría y tristeza, desazón y fortaleza.

El pedirme que hiciera el prólogo de su libro, fue más que un honor, fue una consideración de su parte. Andrea es, como siempre, una mujer maravillosa y plena. Sé que la fuerza de su vida son sus hijos. No ha perdido la alegría ni hay huellas de fracaso en su rostro. Sé que ha llorado mucho, pero ha sentido el amor que la rodea y se levanta a ver brillar un nuevo día. Porque nunca se ha dejado derrotar, ni ha dejado de soñar.

Su libro "Mi botiquín psicológico" es muy especial. Es un verdadero botiquín de primeros auxilios para tener en cuenta en las emergencias emocionales y mentales. Empecemos, porque divide el libro en 4 maravillosas partes, no como títulos sino algo diferente:

1. Aprendamos un poco...

Aprendemos a conocer el cerebro y sus diferentes partes. Además, nos indica qué pasa con el nervio vago, cómo nos ayuda, para qué sirve. Aprendemos sobre los neurotransmisores y las hormonas. Andrea nos da a conocer todos los elementos relacionados con el cerebro. Aspectos que poco o nada conocíamos, entran en esta parte del estupendo libro. Nos incita a leer y reflexionar.

2. Ahora sí, vamos a abrir el botiquín...

Como Andrea señala, "En esta parte vas a encontrar la curita, la venda, el alcohol, la pomada, la inyección, el analgésico o lo que necesites para tratar esa pequeña herida".

Y empiezan a jugar parte trascendental los conceptos sobre la alegría, la tristeza, la ira, el miedo, la ansiedad, la depresión, el pánico, los límites, la procrastinación, el fracaso y nos pone unas tareas para llevar a cabo al respecto. Para salir adelante, para no quedarnos en veremos.

3. Sí o sí, lo que sigue debes hacerlo...

En esta parte, Andrea nos enfoca en aspectos importantes y que debemos tener muy presentes. Empezamos con la disciplina, los hábitos y todo lo relacionado. Muchas veces, empezamos algo, pero somos inconstantes e indisciplinados. Aquí nos enseña muchos pasos para ser mejores en todos los sentidos.

4. Cositas que solo te traerán bienestar...

En esta parte, aprendemos más, pues nos incita a la lectura y nos da una serie de libros que no debemos descuidar. Además, nos estimula al agradecimiento en distintas formas. Nos enseña a agradecer y culmina con 200 frases para ser más positivos.

Este libro, "Mi botiquín psicológico", me parece completísimo y muy adecuado. Tiene soluciones para todos los casos que se presentan. Muestra todo lo que puede sucederles a las personas. Me encanta, pues son páginas llenas de ideas, llenas de psicología explicada para cada caso. Me deja extasiado.

"Mi botiquín psicológico" es un libro no solo para leer, sino para vivirlo. Es un libro para asimilar, entender y curarnos de muchos males que nosotros mismo propiciamos.

En este excelente libro, hallamos las pastillas, jarabes y los demás remedios que siempre hemos buscado.

"Mi botiquín psicológico" es un libro escrito con mucho amor, ternura y antes que nada con la pasión de una verdadera psicóloga.

Manuel GÓMEZ SABOGAL

Introducción

Un botiquín de primeros auxilios es una herramienta esencial para afrontar situaciones de emergencia y proporcionar atención inicial antes de que llegue ayuda profesional. Contiene suministros médicos básicos y se utiliza para tratar lesiones leves, cortaduras, quemaduras y otros problemas de salud comunes. Su propósito es brindar una respuesta rápida y efectiva en momentos críticos, promoviendo la seguridad y el bienestar hasta que se pueda acceder a una atención médica más completa.

De manera similar, un botiquín psicológico está diseñado para actuar en las emergencias emocionales y mentales. Contiene métodos prácticos y herramientas que ayudan a enfrentar situaciones desafiantes relacionadas con la salud mental, como ataques de pánico, ansiedad o momentos de estrés intenso. Al igual que un botiquín de primeros auxilios se prepara para lesiones físicas, el botiquín psicológico se compone de estrategias diseñadas para proporcionar alivio y apoyo emocional inmediato, mientras si es del caso se acude a la ayuda profesional.

Este libro es una mirada sin adornos a los problemas y trastornos más comunes que afectan nuestra salud mental. Aquí encontrarás diferentes situaciones cotidianas, comunes, pero basadas en la ciencia, que todos enfrentamos en algún momento de nuestras vidas. La idea es simple, te enseño herramientas prácticas para entender y actuar frente a los desafíos psicológicos diarios. No pretendo sustituir la ayuda profesional, ni pretendo que sea un manual de soluciones rápidas, pero busco proporcionar una guía utilizable cuando las cosas se ponen difíciles, créeme, hubiese amado tener este libro en mis manos, unos años atrás.

Desde la ansiedad hasta la depresión, cada capítulo examinará un problema específico y presentará estrategias respaldadas por la psicología para afrontarlo. No es un camino fácil ni un atajo hacia la felicidad, pero sí una ruta hacia una comprensión más profunda de tus emociones y el dominio de tus comportamientos.

Este libro se aleja de la solemnidad académica y abraza un enfoque accesible. No somos infalibles, y el cuidado de la salud mental es un proceso continuo, no un destino final. Así que, sumérgete en estas páginas con mente abierta y disposición para tu crecimiento personal. Aquí estamos para entender, aprender y, con suerte, avanzar hacia una vida emocionalmente más saludable. ¡Vamos por ello!

"La felicidad consiste en disfrutar, aceptar y agradecer. Disfrutar todo lo bueno que tenemos, obtenemos y nos pasa, aceptar todo lo que sucede, porque esa es la realidad y agradecer por todo, un alma agradecida no tiene espacio para la tristeza". Andrea Rubiano G.

Para tener muy en cuenta...

Hay cosas constantes para todas las personas, no son negociables, son vitales y muy importantes. En la cuarta parte del libro encontrarás algunas de ellas, son aplicables para todo, por favor no lo olvides, y esas cosas son:

- Come sano
- Ejercítate
- Pon atención a tu respiración
- Medita o conéctate con tu ser superior
- Lee, aprende, nunca dejes de hacerlo
- Agradece
- Piensa y háblate bonito
- Por favor, acude a profesionales para cuidar tu salud

Y si quieres sanar, estas dos cosas son indispensables....

Primero: Reconoce, comprende y aprende sobre tus emociones, pensamientos, comportamientos y la forma en que estos elementos influyen en tu vida y en los demás.

Segundo: Acepta, la aceptación es el camino más corto para salir del laberinto del sufrimiento.

Primera Parte
Aprendamos un poco...
El Cerebro

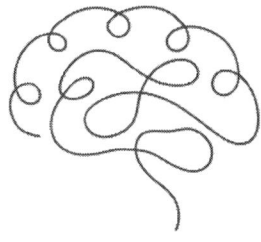

El cerebro es un órgano increíblemente complejo que desempeña un papel central en nuestra salud mental y en el control de diversas funciones del cuerpo. El cerebro controla lo que piensas y sientes, cómo aprendes y recuerdas y la forma en que te mueves. También lo hace con muchas cosas de las que apenas te das cuenta, como el latido de tu corazón y la digestión de la comida.

Piensa en el cerebro como en una computadora central que maneja todas las funciones de tu cuerpo. El resto del sistema nervioso viene a ser una red que envía mensajes en ambos sentidos entre el cerebro y distintas partes del cuerpo. Lo hace a través de la médula espinal, que desciende por la espalda desde el cerebro. Contiene nervios en su interior, unos filamentos que se ramifican hacia los demás órganos y partes del cuerpo.

Cuando llega un mensaje al cerebro, él envía al cuerpo un mensaje sobre cómo reaccionar. Por ejemplo, si tocas un horno caliente, los nervios de tu piel enviarán un mensaje de dolor a tu cerebro.

Y el cerebro responderá enviando un mensaje a los músculos de tu mano para que la retires. Afortunadamente, esta carrera de relevos neurológica ocurre en solo un instante. Aquí tienes una explicación simple y clara sobre el funcionamiento general del cerebro, centrándome en algunas partes clave:

Corteza cerebral: Es la capa externa del cerebro y está involucrada en funciones como el pensamiento, la planificación, el lenguaje y la toma de decisiones. Es la parte más grande y desarrollada en los humanos. El elemento funcional de la corteza cerebral es una fina capa de neuronas que cubre la superficie de todas las circunvoluciones del cerebro. Esta capa solo tiene un grosor de 2 a 5 milímetros, y el área total que ocupa mide más o menos la cuarta parte de un metro cuadrado. En total, la corteza cerebral contiene unos 100.000 millones de neuronas.

Lóbulos cerebrales: Cada hemisferio cerebral (el izquierdo y el derecho) está dividido en 4 lóbulos (algunos estipulan 5* o 6). Cada lóbulo coordina diferentes procesos cognitivos. Estas son las funciones principales de cada lóbulo:

Frontal: Está involucrado en procesar información de movimiento, de atención, de planeación, de toma de decisiones, del habla, de la regulación emocional, del razonamiento, de la motivación y de la conducta, también en el establecimiento de metas y la empatía. Es por esto que uno de los primeros signos de la demencia frontotemporal son los cambios de personalidad.

Parietal: Encargado de integrar información de los sentidos; del tacto, el gusto, la visión, la temperatura, la presión y el dolor.

Occipital: El lóbulo occipital está dividido en diferentes áreas, cada una de ellas se encarga del procesamiento de una serie de funciones determinadas. Las más importantes son:
- Elaboración del pensamiento y la emoción.
- Interpretación de imágenes.
- Visión.
- Reconocimiento espacial.
- Discriminación del movimiento y colores.

Temporal: Juega un papel importante en el procesamiento de la información auditiva, en reconocer el lenguaje y formar memorias. Fundamental para el reconocimiento de rostros y de voces. Una lesión en esta área podría provocar prosopagnosia o incapacidad para reconocer caras.

*Lóbulo de la Ínsula: Situado en el fondo de la cisura de Silvio. No es visible desde la parte externa del cerebro. Por eso muchas veces no es considerado como un lóbulo. Está relacionado con el sistema límbico y, por lo tanto, con las emociones.

Amígdala: Situada en el lóbulo temporal, la amígdala desempeña un papel crucial en las emociones, especialmente en la respuesta al miedo y en la formación de recuerdos emocionales. La amígdala tiene como función brindar significados emocionales a cualquier estímulo ambiental que se le presente. La amígdala cerebral se encarga de recibir información del entorno y captar los estímulos que considera significativos, es decir, importantes para nosotros. La amígdala anticipa una respuesta emocional ante estos estímulos previamente detectados.

La amígdala nos pone en marcha y nos prepara para este estímulo (nos puede generar taquicardia, tensión muscular, aumento de la respiración, dilatación pupilar, etc.). Otra de las funciones que tiene la amígdala es la de consolidar y almacenar información emocional, experiencias emocionales que nos marcaron. Por poner un ejemplo: ¿Quién no recuerda su primer beso?

Sentirse abrumado o arrastrado por una emoción, no poder controlar un impulso, reacciones desmedidas, pensamientos poco nítidos e irracionales e incluso respuestas fisiológicas en forma de fiebre, taquicardia o ansiedad. Estos son solo algunos de los síntomas que se experimentan cuando tu amígdala te secuestra, cuando literalmente se apodera de ti.

El secuestro de la amígdala es un término acuñado por el psicólogo Daniel Goleman que describe aquellas respuestas emocionales inmediatas y abrumadoras que no son proporcionales al estímulo real. Goleman, como experto en inteligencia emocional, nos cuenta que el secreto de que nos volvamos irracionales tiene que ver con la falta momentánea e inmediata de control emocional porque la amígdala asume el mando en nuestro cerebro.

Sistema Reticular Activador Ascendente o SRAA: Es la primera estación a la que deben llegar todos los estímulos del exterior para que sean procesados y decidir entonces si se les presta atención o no. O sea, decidir si un estímulo debe ser percibido conscientemente o no. Esto es algo muy importante porque a cada momento recibimos muchos estímulos auditivos, olfativos, táctiles y visuales.

Si fuéramos conscientes de todos ellos, acabaríamos perdiendo el foco de los que son realmente importantes.

Por eso, nuestro cerebro, en realidad el SRAA, hace un trabajo muy importante dejando en segundo plano aquellos que en ese momento no nos aportan nada de interés.

Ya sabemos que nuestro cerebro es una potente máquina en toda regla. Tan potente, tan potente, que para poder asimilar la información que nos llega desde los distintos sistemas de entrada, filtra la información y nos la hace digerible porque sería totalmente inviable para el ser humano poder hacerse cargo de toda la información que viene del exterior. Para poder filtrar la información primero ha de saber de manera subconsciente qué es lo que debe filtrar y lo que no. Al final, resulta que tenemos un Google sobre nuestros hombros y ni siquiera somos conscientes.

¿Cuántas veces has entrado en Google y te ha ofrecido "casualmente" toda la información que justamente estabas buscando o cosas similares que podrían ser de tu interés?

Básicamente tiene un potente sistema que se centra en conocer tus gustos basándose en tus búsquedas, en tus compras, etc. Sabe lo que estás indagando y por eso te ofrece lo que considera que quieres ver para que lo compres.

El cerebro hace exactamente lo mismo; le llega tal cantidad de información que nos devuelve una realidad basada en lo que considera, de manera inconsciente, que creemos y queremos ver, basándose en nuestros gustos, nuestros patrones de comportamiento, lo que pensamos, lo que sentimos, la información en la que nos centramos básicamente, igual que hiciera Google, por ejemplo.

Es por eso que, si vas a comprar un traje azul, empiezas a ver trajes azules en todas partes, o si acabas de instalar un sistema de energía solar en tu hogar, también los ves en muchas otras casas; siempre han estado ahí, solo que ahora pones tu atención y es ese pequeño radar que todos tenemos, que actúa de filtro de enfoque. Ese pequeño e impresionante radar es el Sistema Reticular Activador Ascendente, que se encarga de filtrar la información que considera útil para nosotros. Por eso, es tan importante, tener un objetivo o meta bien enfocado, para poder dar pistas a este radar tan potente que tenemos y recargarlo a nivel subconsciente para que busque por nosotros sin que seamos conscientes de ello, ni tan si quiera. Si no nos centramos en nada en concreto o no tenemos claro el objetivo, no tendrá ni idea de qué buscar y nos irá dando pistas por aquí y por allá sin que tengan demasiado sentido, alejándonos de lo que realmente queremos. Por eso, hay que tener realmente claro: *"¿QUÉ ES LO QUE QUIERES DE VERDAD?"*

Que no seamos conscientes de lo que pasa dentro de nuestro cerebro a cada segundo no significa que no esté todo un ensamblaje de conexiones ahí dentro funcionando para nosotros.

Por eso, cuando te enfocas en algo de manera clara, precisa, definida, no paras de leer sobre el tema, buscas información contínua sobre algo, visualizas, observas, haces... todo lo que esté relacionado con tus objetivos y metas claramente definidos y realizables, le estás dando una poderosísima información a tu SRAA sobre lo que ha de centrarse, para poder revelarte pistas y nuevas oportunidades, de pensamiento y de acción, que antes habrían pasado totalmente desapercibidas para ti, porque no se habría centrado en ellas.

Por eso, lo de que *"LO QUE CREES CREAS"* y lo de que *"ATRAES AQUELLO EN LO QUE PONES TU ATENCIÓN"* no es ninguna palabrería, ni es magia, ni es imaginación.

Es tangible y por eso hay tantos ejemplos de personas que cuando se enfocan en algo y además actúan consiguen el éxito y consiguen sus metas y objetivos de manera mucho más eficiente, rápida y eficaz, ya que a nivel subconsciente tenemos ese maravilloso radar que va a encargarse de darnos la información que considere relevante para nosotros en cada momento.

Sin embargo, si nos decimos a nosotros mismos: "esto es imposible"... el cerebro dará por zanjado el tema. No buscará más al respecto. Dejará de buscar y desconectará todo en este sentido porque no merece la pena malgastar recursos en algo que hemos dicho que es imposible. El SRAA no hará ningún intento de buscar soluciones porque no tendría sentido; la respuesta ya la tiene: no hay solución. Esa es la orden dada al cerebro subconsciente.

Hipotálamo: Esta pequeña estructura en el centro del cerebro regula funciones vitales como el hambre, la sed, la temperatura corporal y el sueño. También está involucrado en la respuesta al estrés. Cuando te enfrentas a una amenaza percibida, el hipotálamo, activa un sistema de alarma en el cuerpo.

Hipocampo: Ubicado en el lóbulo temporal, su principal función es la de mediar en la generación y la recuperación de recuerdos. Por tanto, tiene un papel muy importante en la consolidación de los aprendizajes, permite que algunas informaciones pasen a la memoria a largo plazo dándoles valores positivos o negativos, dependiendo de si estos recuerdos han estado asociados a experiencias placenteras o dolorosas.

Cuerpo calloso: Es un haz de fibras nerviosas que conecta los hemisferios derecho e izquierdo del cerebro, permitiendo la comunicación entre ellos.

Sistema límbico: Incluye varias estructuras como la amígdala y el hipocampo, y está relacionado con las emociones y la motivación. El sistema límbico es considerado el epicentro de la expresión emocional y del comportamiento. Tiene directa relación con el hambre y la saciedad, la memoria, el instinto maternal y la sexualidad

Cerebelo: Situado en la parte posterior del cerebro, el cerebelo controla el equilibrio y la coordinación motora. El cerebelo procesa información proveniente de otras áreas del cerebro con el fin de indicar el tiempo exacto para realizar movimientos coordinados del sistema muscular esquelético.

Tallo cerebral: Conecta la médula espinal con el cerebro y controla funciones automáticas como la respiración, la frecuencia cardíaca y la regulación del sueño. En términos de salud mental, el equilibrio químico en el cerebro es crucial. La comunicación entre las células cerebrales (neuronas) se realiza mediante neurotransmisores, sustancias químicas que transmiten señales entre las células. Desbalances en estos neurotransmisores, como la serotonina, dopamina y noradrenalina, pueden estar asociados con trastornos mentales como la depresión, la ansiedad y la esquizofrenia.

Nervio vago: El nervio vago es un representante del sistema nervioso parasimpático. Se encarga de disminuir la frecuencia cardíaca, regular la respiración y la actividad de los órganos del sistema digestivo (descansar y digerir).

Se llama "vago" ya que es un nervio errante que desciende hasta el abdomen. La relación entre el nervio vago y la salud mental está vinculada al papel del sistema nervioso autónomo en la regulación del equilibrio entre el sistema nervioso simpático y el parasimpático.

El nervio vago es una parte esencial del sistema nervioso parasimpático, que se asocia comúnmente con la "respuesta de relajación" o "respuesta de descanso y digestión". Este sistema contrarresta la activación del sistema nervioso simpático, que está vinculado a la "respuesta de lucha o huida".

Algunas de las funciones relacionadas con la salud mental que pueden estar influenciadas por el nervio vago:

Reducción del estrés y la ansiedad: La activación del sistema nervioso parasimpático, a través de la estimulación del nervio vago, puede ayudar a reducir los niveles de estrés y ansiedad.

Regulación del estado de ánimo: Se ha sugerido que la estimulación del nervio vago puede tener efectos positivos en la regulación del estado de ánimo y puede ser un enfoque terapéutico en trastornos del estado de ánimo, como la depresión.

Mejora de la función cognitiva: Algunas investigaciones sugieren que la estimulación del nervio vago podría tener efectos positivos en la función cognitiva y la memoria.

Influencia en la inflamación: El nervio vago también tiene que ver con la regulación del sistema inmunológico y puede tener efectos antiinflamatorios, lo que podría ser relevante en procesos inflamatorios asociados con la salud mental, como la depresión.

Los estresores psicosociales inducen elevaciones de las citocinas proinflamatorias que orquestan reacciones inflamatorias acompañadas de cambios neuronales, de estado de ánimo y del comportamiento.

Las experiencias tempranas de estrés, como maltrato, abuso, aislamiento social y duras condiciones económicas, emocionales y sociales duplican la probabilidad de sufrir inflamación crónica, aumentan el envejecimiento y se ha calculado que acortan la vida media del individuo unos 15 años. Es decir, que el estrés que ocurre de forma temprana en la infancia ejerce efectos persistentes sobre largos periodos de tiempo o quizás para toda la vida, a través del incremento de la respuesta inflamatoria y la susceptibilidad a enfermedad, tanto orgánica como de salud mental.

Neurotransmisores

Los neurotransmisores son sustancias químicas en el cerebro que desempeñan un papel crucial en la transmisión de señales entre las neuronas.

Nuestro cerebro origina cuatro neurotransmisores conocidos como los químicos de la felicidad: serotonina, endorfina, oxitocina y dopamina.

Los cuatro se encargan de producir una serie de reacciones químicas en nuestro cuerpo en función de los estímulos que recibamos y nos aportan un estado anímico muy positivo conocido como felicidad.

El estrés, una la mala alimentación o dieta carente de nutrientes esenciales, exposición a las toxinas ambientales, las drogas (prescritas y recreativas), el alcohol, la nicotina y la cafeína pueden causar el agotamiento del neurotransmisor, es decir, la facultad para generar la correcta comunicación entre las neuronas correspondientes. Aquí tienes una explicación clara y sencilla de algunos de los principales neurotransmisores:

Serotonina: Regula el estado de ánimo, el sueño, el apetito y la cognición. Niveles desequilibrados de serotonina pueden estar asociados con la depresión, la ansiedad y los trastornos del sueño.

Dopamina: Involucrada en la regulación del placer, la recompensa, el movimiento y la motivación. Desbalances de dopamina se han relacionado con trastornos como la esquizofrenia y el trastorno por déficit de atención e hiperactividad (TDAH).

Noradrenalina (o norepinefrina): Contribuye a la respuesta al estrés, la atención y el estado de alerta. Niveles desregulados pueden estar relacionados con trastornos de ansiedad y de atención.

GABA (ácido gamma-aminobutírico): Principal neurotransmisor inhibidor en el sistema nervioso central, ayuda a reducir la actividad neuronal. Desempeña un papel clave en la regulación de la ansiedad y el estrés.

Glutamato: Principal neurotransmisor excitador en el cerebro, es esencial para la transmisión rápida de señales. Está inmerso en procesos de aprendizaje y memoria. Desbalances pueden contribuir a trastornos neuropsiquiátricos.

Endorfinas: Actúan como analgésicos naturales y generan sensaciones de placer o euforia. Se liberan en situaciones de estrés o dolor, contribuyendo al alivio y bienestar.

Los neurotransmisores interactúan de manera compleja y están involucrados en una variedad de funciones cerebrales y comportamentales. Es importante tener en cuenta que el equilibrio adecuado de neurotransmisores es esencial para mantener una estabilidad anímica y funcional. Desbalances en estos químicos pueden contribuir al desarrollo de diversos trastornos psiquiátricos, y en algunos casos, los medicamentos psicotrópicos buscan regular estos niveles para mejorar el bienestar mental.

Hormonas

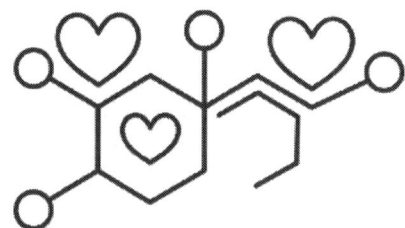

Las hormonas son mensajeros químicos del cuerpo que desempeñan un papel muy importante en la regulación de diversas funciones fisiológicas y, por ende, también afectan la salud mental.

Aquí tienes una explicación clara y sencilla de algunas de las principales hormonas relacionadas con la ella:

Cortisol: El cortisol es una hormona esteroidea, también conocida como glucocorticoide, que se produce en las glándulas suprarrenales.

Estas glándulas están ubicadas en la parte superior de cada riñón. El cortisol desempeña un papel crucial en varios procesos del cuerpo humano y está involucrado en la regulación del metabolismo, la respuesta inmunológica, la función cardiovascular y la respuesta al estrés.

Algunas de las funciones principales del cortisol:
Regulación del Metabolismo: El cortisol ayuda a regular el metabolismo de carbohidratos, proteínas y grasas. Promueve la gluconeogénesis, que es la formación de glucosa a partir de precursores no glucídicos, como aminoácidos y glicerol, en el hígado.

Respuesta Inmunológica: Tiene efectos anti-inflamatorios y suprime la respuesta inmunológica. Esto es beneficioso en situaciones de inflamación o reacciones alérgicas.

Respuesta al Estrés: El cortisol es conocido como la "hormona del estrés" porque se libera en mayores cantidades en situaciones de estrés físico o emocional. Ayuda al cuerpo a responder a situaciones de emergencia al movilizar recursos energéticos y suprimir funciones no esenciales en ese momento.

Regulación del Sueño y Vigilia: El cortisol sigue un ritmo circadiano, siendo más alto por la mañana y disminuyendo gradualmente durante el día. Juega un papel en la regulación del ciclo sueño-vigilia.

Es importante acentuar que, si bien el cortisol es esencial para varias funciones corporales, niveles crónicamente elevados debido a situaciones de estrés sostenido pueden tener efectos negativos en la salud, como trastornos del sueño, problemas metabólicos, y afectar negativamente al sistema inmunológico.

Por lo tanto, un equilibrio adecuado en la producción de cortisol es esencial para el bienestar general.

La adrenalina (epinefrina) y la noradrenalina (norepinefrina): Son dos hormonas y neurotransmisores que desempeñan roles cruciales en el sistema nervioso y el cuerpo humano. Ambas son producidas en las glándulas suprarrenales, que se encuentran encima de los riñones.

Adrenalina (Epinefrina) Funciones Principales:

Respuesta al Estrés: La adrenalina se libera en situaciones de emergencia o estrés. Contribuye a la respuesta de "lucha o huida", preparando al cuerpo para enfrentar o huir de una amenaza.

Aumento de la Frecuencia Cardíaca: La adrenalina aumenta la frecuencia cardíaca y la fuerza de contracción del corazón, lo que asegura un mayor flujo sanguíneo hacia los músculos y otros órganos vitales.

Dilatación de las Vías Respiratorias: Ayuda a dilatar las vías respiratorias para aumentar el suministro de oxígeno a los pulmones.

Movilización de Energía: Estimula la liberación de glucosa y ácidos grasos desde el hígado y tejido adiposo, proporcionando una fuente rápida de energía para el cuerpo.

Noradrenalina (Norepinefrina) Funciones Principales:

Transmisión Nerviosa: Actúa como neurotransmisor en el sistema nervioso simpático, transmitiendo señales entre las células nerviosas.

Vasoconstricción: Aumenta la presión sanguínea al contraer los vasos sanguíneos periféricos, lo que mejora el flujo sanguíneo hacia órganos vitales durante situaciones de estrés.

Modulación del Estado de Ánimo y la Atención: La noradrenalina desempeña un papel en la regulación del estado de ánimo, la atención y la vigilancia.

Ambas hormonas están interrelacionadas y trabajan en conjunto para ayudar al cuerpo a enfrentar situaciones desafiantes. Su liberación está finamente regulada y coordinada para mantener el equilibrio homeostático en el cuerpo. Estas hormonas son fundamentales para la supervivencia y la adaptación del organismo a entornos cambiantes.

La serotonina: Es una sustancia química neurotransmisora que desempeña un papel crucial en el sistema nervioso central y en el cuerpo humano. Funciona como un mensajero químico transmitiendo señales entre las células nerviosas (neuronas). La mayor parte de la serotonina se encuentra en el tracto gastrointestinal, aunque también se sintetiza y se encuentra en el cerebro.

Principales funciones de la serotonina:

Regulación del Estado de Ánimo: La serotonina es conocida comúnmente como la "hormona de la felicidad" debido a su influencia en el estado de ánimo y las emociones. Niveles adecuados de serotonina están asociados con una sensación de bienestar, calma y felicidad, mientras que bajos niveles pueden estar vinculados a estados de ánimo deprimidos o ansiosos.

Regulación del Sueño: La serotonina también contribuye a la regulación del sueño. Se convierte en melatonina, otra hormona que regula el ciclo sueño-vigilia. La melatonina ayuda a inducir el sueño y a regular el ritmo circadiano.

Función en la Regulación del Apetito: La serotonina influye en el apetito y la saciedad. Niveles adecuados de serotonina pueden contribuir a un control más efectivo del apetito.

Regulación de las Funciones Cognitivas: La serotonina también desempeña un papel en la modulación de las funciones cognitivas, como la memoria y el aprendizaje.

La producción y liberación de serotonina están influenciadas por varios factores, incluyendo la dieta, la exposición a la luz solar, la genética y la actividad física. Algunos medicamentos, como los inhibidores selectivos de la recaptación de serotonina (ISRS), se utilizan para tratar trastornos del estado de ánimo, como la depresión y la ansiedad, al aumentar la disponibilidad de serotonina en el cerebro al inhibir su recaptación por las neuronas. Es importante mantener un equilibrio adecuado de serotonina para promover la salud mental y emocional.

Dopamina: La dopamina es un neurotransmisor, que es una sustancia química que transmite señales en el cerebro y otras áreas del sistema nervioso. Esta sustancia desempeña un papel crucial en varias funciones del organismo y está involucrada en la regulación del movimiento, la motivación, el placer, el estado de ánimo y la atención.

Principales funciones de la dopamina:

Sistema de Recompensa: La dopamina es a menudo asociada con el sistema de recompensa del cerebro.

Se libera en respuesta a situaciones placenteras y contribuye a la sensación de gratificación y motivación.

Diversas actividades, como comer alimentos sabrosos, tener relaciones sociales positivas o lograr metas, pueden activar la liberación de dopamina.

Regulación del Movimiento: La dopamina desempeña un papel fundamental en la coordinación y regulación del movimiento. La deficiencia de dopamina en ciertas áreas del cerebro está asociada con trastornos del movimiento, como la enfermedad de Parkinson.

Motivación y Placer: La dopamina está vinculada con la motivación, el interés y la búsqueda de placer. Niveles adecuados de dopamina contribuyen a la capacidad de experimentar satisfacción y disfrute en la vida.

Regulación del Estado de Ánimo: La dopamina también está arraigada en la regulación del estado de ánimo. Desbalances en los niveles de dopamina pueden estar relacionados con trastornos del ánimo, como la depresión y la esquizofrenia.

Atención y Concentración: La dopamina desempeña un papel en la atención y la concentración. Se ha observado que niveles adecuados de dopamina están asociados con un rendimiento cognitivo óptimo.

Problemas en la función de la dopamina están asociados con diversos trastornos neuropsiquiátricos, y algunos medicamentos, como los inhibidores de la recaptación de dopamina, se utilizan en el tratamiento de condiciones como la esquizofrenia y algunos trastornos del movimiento.

La regulación adecuada de la dopamina es esencial para el bienestar emocional y físico.

Oxitocina: La oxitocina es una hormona y neurotransmisor producido en el hipotálamo, una región del cerebro, y liberado por la glándula pituitaria posterior. También se conoce como la "hormona del amor" o "hormona del apego" debido a su papel en la regulación de comportamientos sociales y emocionales.

Principales funciones de la oxitocina:
Estimulación de las Contracciones Uterinas: Durante el trabajo de parto y el parto, la oxitocina se libera en grandes cantidades para estimular las contracciones uterinas. Esto facilita la dilatación del cuello uterino y la expulsión del bebé durante el parto.

Estimulación de la Eyección de la Leche: Después del parto, la oxitocina sigue desempeñando un papel importante al estimular la contracción de las células musculares que rodean las glándulas mamarias, facilitando así la eyección de la leche materna durante la lactancia.

Vínculos Sociales y Apego: La oxitocina está activa en la formación de vínculos sociales y emocionales. Se ha observado que niveles elevados de oxitocina están asociados con comportamientos afectuosos, la formación de lazos emocionales y el establecimiento de conexiones sociales.

Regulación del Estrés: La oxitocina tiene efectos antiestrés, ya que puede reducir los niveles de cortisol, una hormona asociada con el estrés. Además, puede tener un papel en la modulación de la respuesta al estrés.

Comportamientos Maternales y Paternales: Tanto en madres como en padres, la oxitocina puede influir en comportamientos maternales y paternales, fomentando el cuidado y la atención hacia los hijos.

Regulación de la Conducta Sexual: La oxitocina también puede estar involucrada en la regulación de la conducta sexual y el placer asociado con las interacciones íntimas.

Se están llevando a cabo investigaciones continuas para comprender mejor los diversos roles de la oxitocina en el cuerpo y cómo puede influir en aspectos como el comportamiento social, las relaciones interpersonales y la salud mental. Hay que enfatizar en el hecho que, si bien la oxitocina a menudo se asocia con aspectos positivos, su papel es complejo y puede tener diferentes efectos en función del contexto y de la situación.

Hormonas tiroideas, tiroxina (T4) y triyodotironina (T3): Son sustancias producidas por la glándula tiroides, una glándula ubicada en la base del cuello. Estas hormonas juegan un papel fundamental en la regulación del metabolismo y tienen efectos en prácticamente todos los tejidos del cuerpo. Aquí hay más información sobre estas hormonas:

Tiroxina (T4): La T4 es la principal hormona producida por la glándula tiroides. Se llama T4 porque contiene cuatro átomos de yodo en su molécula. La T4 es una forma inactiva y se convierte en T3 (la forma activa) en otros tejidos del cuerpo, especialmente en el hígado y los riñones. Esta conversión es crucial para que las hormonas tiroideas ejerzan sus efectos biológicos.

Triyodotironina (T3): La T3 es la forma activa de las hormonas tiroideas y es más potente que la T4 en términos de efectos biológicos.

La T3 juega un papel crucial en la regulación del metabolismo basal, que es la cantidad mínima de energía requerida para mantener las funciones vitales del cuerpo en reposo.

Efectos en el Desarrollo y Crecimiento: Las hormonas tiroideas, especialmente la T3, también son esenciales para el desarrollo normal del sistema nervioso central en fetos y niños. La deficiencia de hormonas tiroideas en este período puede tener consecuencias graves para el desarrollo cognitivo.

Aumento del Metabolismo: Las hormonas tiroideas aumentan la tasa metabólica al aumentar la producción y la actividad de enzimas involucradas en la descomposición de nutrientes para obtener energía.

Termogénesis: También contribuyen a la termogénesis, la producción de calor en el cuerpo, lo que afecta la regulación de la temperatura corporal.

La producción y liberación de hormonas tiroideas están reguladas por la hormona estimulante de la tiroides (TSH) secretada por la glándula pituitaria. Cuando los niveles de hormonas tiroideas son bajos, la TSH estimula la glándula tiroides para aumentar su producción. Por otro lado, altos niveles de hormonas tiroideas inhiben la liberación de TSH.

Problemas en la función tiroidea, como hipotiroidismo (producción insuficiente de hormonas tiroideas) o hipertiroidismo (producción excesiva), pueden tener graves impactos en la salud y requieren tratamiento médico. Las hormonas tiroideas desempeñan un papel crítico en la regulación del metabolismo y el funcionamiento normal del sistema nervioso central.

Aquí hay algunas condiciones asociadas con la disfunción tiroidea y sus efectos en la salud mental:

Hipotiroidismo: La disminución de las hormonas tiroideas, como en el hipotiroidismo, puede estar asociada con síntomas mentales como depresión, fatiga, dificultades de concentración y memoria, y lentitud en la respuesta cognitiva. Algunas personas con hipotiroidismo pueden experimentar cambios en el estado de ánimo, irritabilidad y sentimientos de tristeza.

Hipertiroidismo: El exceso de hormonas tiroideas, como en el hipertiroidismo, puede causar síntomas como ansiedad, irritabilidad, nerviosismo, dificultades para concentrarse y problemas de sueño. El hipertiroidismo puede contribuir al desarrollo o exacerbación de trastornos de ansiedad.

Desórdenes Cognitivos: Tanto el hipotiroidismo como el hipertiroidismo pueden afectar la función cognitiva, dando lugar a problemas de memoria, atención y concentración. En casos graves y no tratados de hipotiroidismo, puede haber un riesgo aumentado de demencia y trastornos del estado de ánimo.

Impacto en el Desarrollo Cognitivo (en casos de disfunción tiroidea durante el embarazo o la infancia): Si no se trata, el hipotiroidismo congénito (presente desde el nacimiento) puede causar retraso mental y afectar el desarrollo cerebral en los niños. La deficiencia de hormonas tiroideas durante el embarazo también puede afectar negativamente el desarrollo neurológico del feto.

Es fundamental distinguir que estos impactos en la salud mental pueden variar en gravedad según la duración y la severidad de los desequilibrios hormonales, así como la respuesta individual a estas condiciones.

El diagnóstico y tratamiento adecuados por parte de profesionales de la salud son esenciales para tratar los problemas relacionados con las hormonas tiroideas y mejorar la salud mental.

Alimentación y cuidado del cuerpo

La relación entre la alimentación y la salud mental es un campo de estudio fascinante que destaca la profunda conexión entre el sistema digestivo y el bienestar mental. Cada bocado que tomamos no solo nutre nuestro cuerpo, sino que también ejerce gran importancia en nuestra salud mental y emocional.

La dieta occidental moderna, caracterizada por alimentos procesados y pobres en nutrientes, ha sido asociada con cambios en la composición de la microbiota, lo que podría contribuir a problemas de salud mental. Por el contrario, una dieta basada en alimentos integrales, como frutas, verduras, granos enteros y proteínas magras, promueve una microbiota diversa y saludable, respaldando así la salud del segundo cerebro.

Antioxidantes y Protección del Cerebro:
Frutas y Verduras Coloridas: Alimentos ricos en antioxidantes, como frutas y verduras coloridas, ayudan a

proteger el cerebro del estrés oxidativo y la inflamación, que se han asociado con trastornos neuropsiquiátricos.

Efecto de la Nutrición en los Neurotransmisores:

Precursor de Serotonina: Algunos alimentos, como aquellos ricos en triptófano (un aminoácido), pueden servir como precursores de la serotonina, un neurotransmisor asociado con el bienestar y el estado de ánimo positivo.

Influencia en Trastornos Alimentarios y Salud Mental:

Bidireccionalidad: La relación entre la alimentación y la salud mental es bidireccional. No solo la dieta afecta la salud mental, sino que las circunstancias de salud mental también pueden influir en los patrones alimentarios. Por ejemplo, la depresión puede llevar a cambios en el apetito y la elección de alimentos. Una de las principales formas en que el cerebro y el intestino permanecen conectados es a través del nervio vago, un sistema de mensajería química bidireccional que explica por qué el estrés puede desencadenar sentimientos de ansiedad en la mente y mariposas en el estómago.

Debemos subrayar que no hay una "dieta única" que sea adecuada para todos, y las necesidades nutricionales pueden variar según la edad, el género, la salud y otros factores individuales. Una dieta equilibrada y variada, rica en alimentos frescos y nutrientes esenciales, es esencial para mantener bienestar general. Además, consultar a un profesional de la salud o un nutricionista puede ser beneficioso para obtener orientación personalizada.

Principales Alimentos para una buena Salud Mental:

Frutas y Verduras: Ricas en vitaminas, minerales y antioxidantes.

Pescado Graso: Fuente de omega-3. Ejemplos incluyen salmón, trucha y sardinas.

Nueces y Semillas: Contienen ácidos grasos esenciales y otros nutrientes.

Legumbres y Cereales Integrales: Aportan fibra y nutrientes esenciales.

Productos Lácteos: Fuente de calcio y vitamina D, importantes para la salud cerebral.

Proteínas Magras: Carnes magras, pollo, pavo, huevos y legumbres.

Nutrientes Esenciales para la Función Cerebral:

Ácidos Grasos Omega-3: Presentes en pescados grasos, nueces y semillas de lino, los ácidos grasos omega-3 son importantes para la salud cerebral y se han asociado con la reducción del riesgo de trastornos del estado de ánimo, como la depresión.

Vitaminas del Grupo B: Las vitaminas B, presentes en alimentos como cereales integrales, legumbres y verduras de hojas verdes, son esenciales para el funcionamiento del sistema nervioso y la producción de neurotransmisores.

Ten en cuenta... Una dieta equilibrada que incluya carbohidratos complejos, proteínas magras y grasas saludables puede ayudar a mantener niveles estables de azúcar en sangre, lo que contribuye a la estabilidad emocional y previene fluctuaciones bruscas en el estado de ánimo.

Microbioma Intestinal

Relación con el Cerebro:

Existe una creciente comprensión de la conexión entre el microbioma intestinal (las bacterias en el intestino) y la salud mental. Una dieta rica en fibra y alimentos fermentados puede favorecer un microbioma saludable, lo que, a su vez, podría influir positivamente en el cerebro y la función cognitiva.

La importancia de mantener una buena microbiota, compuesta por billones de microorganismos que habitan en nuestro tracto digestivo, no puede ser subestimada. Estos microorganismos, conocidos como microbioma, desempeñan un papel crucial en la digestión, la absorción de nutrientes y la regulación del sistema inmunológico. Además, se ha descubierto que la microbiota influye de manera considerable en la salud mental, afectando la producción de neurotransmisores y la respuesta al estrés.

La idea de que el estómago es el "segundo cerebro" se basa en la compleja red de neuronas presentes en el sistema digestivo, conocida como el sistema nervioso entérico.

Este sistema cuenta con una cantidad trascendente de neuronas, neurotransmisores y células similares a las del cerebro, lo que permite al estómago comunicarse con el cerebro de manera bidireccional.

La conexión entre ambos se realiza a través del nervio vago, una autopista de información que conecta el sistema digestivo con el sistema nervioso central.

La influencia del microbioma en la salud mental se refleja en la producción de neurotransmisores como la serotonina, conocida como la "hormona de la felicidad".

Una gran parte de la serotonina se produce en el intestino, y su equilibrio adecuado es crucial para mantener un estado de ánimo estable y prevenir trastornos como la depresión y la ansiedad.

Una alimentación equilibrada, rica en fibra, antioxidantes y nutrientes esenciales, fomenta un ambiente propicio para la salud de la microbiota. Los alimentos fermentados, como el yogur, el kéfir y el chucrut, son particularmente beneficiosos ya que introducen bacterias "buenas" en el sistema digestivo.

Cuidar de nuestra alimentación no solo es esencial para mantener un cuerpo saludable, sino también para preservar el equilibrio mental y emocional. La conexión entre la alimentación, la microbiota y el segundo cerebro destaca la importancia de considerar la salud integral al abordar nuestro bienestar diario.

Adoptar hábitos alimenticios conscientes se convierte en una herramienta valiosa para nutrir tanto el cuerpo como la mente, contribuyendo a una vida plena y equilibrada.

Actividad física

La actividad física desempeña un papel muy importante en la conservación y el mantenimiento de la salud mental. Más allá de los beneficios evidentes para la forma física y la salud cardiovascular, el ejercicio regular tiene los mejores resultados para el bienestar emocional y cognitivo. La relación entre la actividad física y la salud mental es una sinergia poderosa que beneficia tanto al cuerpo como a la mente.

En primer lugar, la actividad física actúa como un poderoso liberador de endorfinas, neurotransmisores responsables de la sensación de plenitud y euforia. El ejercicio regular ha demostrado reducir los niveles de ansiedad y depresión, al tiempo que mejora el estado de ánimo general. Estas mejoras están asociadas con la liberación de endorfinas, que actúan como analgésicos naturales y generadores de sensaciones positivas.

Además, la actividad física contribuye a la regulación del estrés al reducir los niveles de hormonas del estrés, como el cortisol. La práctica regular de ejercicio ayuda a enfrentar y mitigar los efectos negativos del estrés diario, promoviendo la relajación y mejorando la calidad del sueño. El manejo eficaz del estrés es esencial para la salud mental, y la actividad física se presenta como una clave valiosa en este sentido.

La relación entre el cuerpo y la mente se refleja también en los beneficios cognitivos de la actividad física. Se ha demostrado que el ejercicio mejora la función cognitiva, incluyendo la memoria, la atención y la toma de decisiones. Estos efectos positivos son atribuibles a un aumento del flujo sanguíneo cerebral, la estimulación de factores de crecimiento neuronal y la promoción de conexiones sinápticas.

La actividad física no solo beneficia a aquellos que padecen trastornos mentales, sino que también actúa como una manera eficaz en la prevención de problemas de salud mental. Adoptar un estilo de vida activo desde una edad temprana puede reducir el riesgo de desarrollar trastornos mentales a lo largo de la vida. Ambos, una buena alimentación y el ejercicio, son componentes clave de un enfoque integral para mantener y mejorar la salud mental. Combinar hábitos sanos en estas áreas, te va a garantizar vida, mucha vida.

Neuroplasticidad

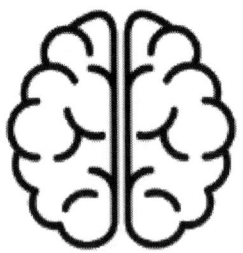

La neuroplasticidad es la capacidad del cerebro para cambiar y adaptarse a lo largo de la vida en respuesta a la experiencia, el aprendizaje y el entorno.

En otras palabras, es la capacidad del cerebro para reorganizar sus conexiones neuronales, formar nuevas sinapsis y ajustar la actividad de las neuronas. Recuerda que tu cerebro es como moldear con plastilina, puedes crear tantas veces como quieras.

En lugar de considerar el cerebro como un órgano estático, la neuroplasticidad revela su dinamismo y flexibilidad.

Este proceso es evidente en diversas situaciones, desde la recuperación de lesiones cerebrales hasta la adaptación a nuevas experiencias cotidianas. La plasticidad neuronal puede ocurrir a nivel estructural, con cambios en la forma y la organización de las neuronas, así como a nivel funcional, mejorando la transmisión de señales.

La neuroplasticidad es particularmente evidente durante la infancia, cuando el cerebro se encuentra en un estado especialmente maleable y receptivo al aprendizaje. En este período, las conexiones neuronales se forman y refinan en respuesta a estímulos y experiencias.

Sin embargo, lo que es aún más sorprendente es que la neuroplasticidad persiste en la edad adulta, aunque en menor medida.

Esta capacidad de cambio continuo ofrece la esperanza de que, incluso en la edad adulta, el cerebro pueda adaptarse, aprender y recuperarse de lesiones. Con esto queda derribado el dicho "loro viejo no aprende a hablar", te aseguro que aprende a hablar, e incluso, en varios idiomas.

La práctica constante y la repetición son elementos clave que impulsan la neuroplasticidad positiva, es por esta razón es que es tan importante, crear hábitos o pensamientos positivos, repetir, repetir y repetir hasta el cansancio, el cerebro reemplaza y moldea únicamente con la repetición.

El aprendizaje de nuevas habilidades, la exposición a entornos enriquecedores y la participación activa en actividades cognitivamente estimulantes son formas de fomentar la plasticidad neuronal. En contraste, la neuroplasticidad también puede tener aspectos negativos, como los cambios asociados con la pérdida de habilidades debido a la falta de uso o las respuestas adversas al estrés crónico. Ya sabrás tú lo que quieres esculpir en tu cerebro, lo que le siembres, eso cosecharás.

La comprensión de la neuroplasticidad ha revolucionado la forma en que concebimos la capacidad del cerebro para cambiar y adaptarse. Esto ha llevado al desarrollo de enfoques terapéuticos innovadores, como la rehabilitación neuropsicológica y la terapia ocupacional, que aprovechan la capacidad del cerebro para reorganizarse.

La neuroplasticidad ofrece una perspectiva optimista para aquellos que buscan recuperarse de lesiones cerebrales, mejorar su función cognitiva o simplemente mantener un cerebro ágil y saludable a lo largo de la vida.

Es un recordatorio de la extraordinaria capacidad de evolución y adaptación que caracteriza a uno de los órganos más complejos del cuerpo humano.

Deja volar tu creatividad, tienes en tu cerebro la máquina creadora más increíble que jamás imaginaras.

Puntos de importancia de la neuroplasticidad:

Aprendizaje y Memoria: La neuroplasticidad es esencial para el aprendizaje y la memoria. Permite la formación de nuevas conexiones sinápticas cuando aprendemos algo nuevo y fortalece aquellas que usamos con frecuencia.

Recuperación de Lesiones Cerebrales: Después de lesiones cerebrales, como un accidente cerebrovascular, la neuroplasticidad facilita la recuperación al permitir que otras áreas del cerebro asuman funciones dañadas.

Adaptación al Entorno: Nos ayuda a adaptarnos al entorno cambiante, permitiendo ajustes en las respuestas cerebrales y comportamientos en función de nuevas circunstancias.

Desarrollo Infantil: Juega un papel crucial en el desarrollo infantil al permitir la formación y ajuste de conexiones cerebrales durante las etapas críticas de crecimiento.

Rehabilitación en Salud Mental: En la salud mental, la neuroplasticidad es clave en procesos de rehabilitación. En terapias, por ejemplo, se busca cambiar patrones de pensamiento y comportamiento, aprovechando la capacidad del cerebro para adaptarse.

Impacto en la Salud Mental:

Superación de Traumas: La neuroplasticidad facilita la superación de experiencias traumáticas al permitir la reestructuración de patrones de pensamiento asociados a ellas.

Tratamiento de Trastornos Mentales: En la psicoterapia y enfoques terapéuticos, se aprovecha la neuroplasticidad para cambiar patrones disfuncionales de pensamiento y comportamiento presentes en trastornos mentales.

Bienestar Emocional: Adoptar prácticas y hábitos saludables, como la meditación y la atención plena, puede promover cambios positivos en el cerebro a través de la neuroplasticidad, contribuyendo al bienestar emocional.

Emociones

Las emociones son componentes fundamentales de la experiencia humana, tejiendo la trama colorida y compleja de nuestras vidas. Estas respuestas subjetivas a estímulos internos o externos son tan variadas como las experiencias mismas, manifestándose en un abanico que va desde la alegría hasta la tristeza, la ira, el miedo y la sorpresa. Las emociones son esenciales para la comunicación, la toma de decisiones y la adaptación al entorno.

En el núcleo de nuestras experiencias emocionales se encuentran los mecanismos biológicos y cognitivos que desencadenan respuestas físicas y mentales. Desde un punto de vista biológico, las emociones están vinculadas a la liberación de neurotransmisores y hormonas que afectan nuestro cuerpo y mente.

La expresión facial, la postura corporal y las respuestas autónomas, como el aumento del ritmo cardíaco o la sudoración, son evidencia de la conexión intrincada entre el cuerpo y las emociones.

La diversidad y la complejidad de las emociones reflejan la riqueza de nuestras vidas emocionales. La alegría, con su energía positiva y efectos revitalizantes, se contrapone a la tristeza, que puede tener un matiz melancólico y reflexivo.

La ira, una respuesta ante la amenaza o la injusticia percibida, contrasta con el miedo, una emoción instintiva que prepara al cuerpo para enfrentar o evitar peligros potenciales. Las emociones no solo son reacciones automáticas, sino también valiosas guías para la toma de decisiones y la adaptación. La intuición emocional nos alerta sobre situaciones que pueden requerir atención o evitación. Asimismo, las relaciones interpersonales se ven profundamente influenciadas por la empatía, la compasión y el afecto, que son expresiones emocionales esenciales para los vínculos sociales.

La inteligencia emocional, la capacidad de comprender y gestionar las propias emociones y las de los demás, se ha reconocido como una habilidad vital en la vida cotidiana y en el ámbito laboral. La destreza para reconocer, comprender y regular nuestras emociones, no solo contribuye al bienestar emocional, sino que también mejora los vínculos interpersonales y el rendimiento en diversas áreas de la vida.

Las emociones son la paleta de colores que pinta nuestra existencia. Nos dotan de una riqueza sensorial y guían nuestras acciones, proporcionando profundidad y significado a nuestras relaciones con el mundo. Reconocer y acoger nuestras emociones como parte íntima de la experiencia humana nos permite no solo comprendernos mejor a nosotros mismos, sino también conectarnos más profundamente con los demás y con la complejidad intrínseca de la vida.

Emociones Primarias:

Las emociones primarias son aquellas consideradas universales y comunes a todas las culturas. Las principales son:

- **Alegría**: Sentimiento de felicidad y placer.
- **Tristeza**: Sensación de pérdida o descontento.
- **Miedo**: Respuesta a una amenaza percibida.
- **Enojo/Ira**: Reacción ante la injusticia o frustración.
- **Asco**: Respuesta a estímulos desagradables o repulsivos.

Importancia:

Comunicación: Las emociones son señales comunicativas que expresan nuestras necesidades, deseos o estados internos a los demás.

Adaptación: Ayudan a adaptarse al entorno, señalando situaciones que pueden ser beneficiosas o perjudiciales.

Toma de Decisiones: Influyen en la toma de decisiones al guiar nuestras preferencias y elecciones.

Vínculos Sociales: Contribuyen a la conexión emocional y al fortalecimiento de relaciones sociales.

Influencia en la Salud Mental:

Efectos Fisiológicos: Las emociones afectan la respuesta del cuerpo, con mucho peso en la salud física y mental.

Respuesta al Estrés: Un manejo inadecuado de las emociones puede contribuir a problemas de estrés crónico, ansiedad y depresión.

Relaciones Interpersonales: La expresión y gestión emocional afecta las relaciones con los demás.

Bienestar General: La capacidad para reconocer y gestionar las emociones contribuye al bienestar emocional y mental.

Importancia de Aprender a Gestionarlas:

Bienestar Emocional: La gestión emocional adecuada, forjará un carácter firme, sensatez y serenidad.

Toma de Decisiones: Permite tomar decisiones más informadas y racionales, evitando respuestas impulsivas.

Resiliencia: Aprender a lidiar con las emociones ayuda a desarrollar resiliencia frente a desafíos y adversidades.

Mejora en Relaciones: Las personas emocionalmente inteligentes tienen la habilidad de percibir, comprender y manejar las emociones en la propia experiencia y en la interacción con los demás Una persona que desarrolla competencias emocionales, entabla mejores relaciones sociales y genera una mayor probabilidad de recibir apoyo y buen trato por parte de otros.

Reducción del Estrés: Ser conscientes de cómo nuestra mente responde a los estímulos es clave para identificar nuestras emociones y aprender a controlarlas cuando estas ponen en riesgo nuestro equilibrio interior. Esa es la base para el manejo del estrés.

Inteligencia emocional

La inteligencia emocional, una habilidad fundamental para la vida humana, refleja la capacidad de reconocer, comprender y gestionar tanto nuestras propias emociones como las de los demás.

Desarrollada por el psicólogo Daniel Goleman en la década de 1990, la inteligencia emocional se ha convertido en un concepto clave en la comprensión de las habilidades sociales y la adaptación emocional.

En el núcleo de la inteligencia emocional se encuentra la autoconciencia emocional, la capacidad de reconocer y comprender nuestras propias emociones. Este primer pilar nos invita a explorar nuestras reacciones internas, identificar patrones emocionales y comprender la influencia de estas emociones en nuestro pensamiento y comportamiento.

La autoconciencia emocional sienta las bases para la autorregulación, el segundo componente crucial de la inteligencia emocional.

La autorregulación involucra la capacidad de manejar nuestras emociones de manera efectiva, canalizando las respuestas emocionales de una manera constructiva. Esto indica, no solo controlar la impulsividad, sino también adaptarse a situaciones cambiantes y mantener la calma en momentos de desafío.

La autorregulación es la brújula interna que guía nuestras acciones, evitando que las emociones negativas dicten nuestro comportamiento.

El tercer pilar de la inteligencia emocional es la empatía, la habilidad para comprender y compartir los sentimientos de los demás. La empatía nos conecta con la experiencia emocional de quienes nos rodean, trayendo consigo, relaciones transparentes y leales.

Este nexo emocional nutre la competencia para reconocer las necesidades y puntos de vista de los demás, construyendo puentes de comprensión y colaboración.

La inteligencia emocional culmina con las habilidades sociales, la capacidad para llevar a cabo eficazmente las relaciones interpersonales.

Estas habilidades traen intrínsecamente la comunicación efectiva, la resolución de conflictos y un liderazgo inspirador.

Las personas con una alta inteligencia emocional son hábiles en la construcción de relaciones sólidas y en la integración dentro de complejas dinámicas sociales.

La inteligencia emocional no solo tiene que ver con la vida personal, sino que también se ha reconocido como un predictor clave del éxito en entornos profesionales.

En el ámbito laboral, la aptitud para liderar equipos, manejar el estrés y mantener relaciones amables entre colegas, son facetas esenciales que solo se obtienen por medio de la inteligencia emocional.

Sentimientos

Los sentimientos son experiencias que surgen a partir de las emociones. Mientras que las emociones son respuestas automáticas y breves a estímulos internos o externos, los sentimientos son la interpretación consciente y evaluación personal de esas respuestas emocionales. En otras palabras, los sentimientos son la manera en que percibimos y damos sentido a nuestras emociones, perdurándolas en el tiempo.

Los sentimientos, esos matices sutiles y a veces abrumadores de nuestra existencia, desempeñan un papel central en nuestra salud mental.

Estos estados emocionales nos conectan con el tejido más íntimo de nuestra humanidad, influyendo directamente en nuestra manera de ver el mundo y en la forma en que nos relacionamos con nosotros mismos y con los demás.

Se forman a través de la interpretación personal de una emoción, lo que significa que dos personas pueden sentirse de manera diferente en respuesta a la misma emoción.

Los sentimientos son a menudo menos intensos que las emociones, pero más duraderos, y pueden ser influenciados por nuestros pensamientos, creencias y experiencias pasadas.

La relación entre sentimientos y emociones es dinámica. Una emoción puede desencadenar una serie de sentimientos, y a su vez, nuestros sentimientos pueden influir en cómo experimentamos y respondemos a las emociones en el futuro.

Por ejemplo, la emoción de miedo puede generar sentimientos de ansiedad o preocupación. Estos sentimientos pueden afectar cómo interpretamos situaciones futuras, posiblemente llevándonos a sentir miedo con mayor facilidad.

La autoconciencia emocional, la capacidad de identificar y comprender nuestros propios sentimientos, es esencial. Este proceso no solo es nombrar las emociones que los han generado, sino también explorar todas las raíces de esos sentimientos. La autoconciencia emocional nos brinda una guía valiosa para llegar a fondo en nuestra mente.

La expresión de los sentimientos también juega un papel crucial. Comunicarlos de manera abierta y constructiva nos fortalece y fomenta un ambiente de apoyo.

La represión constante de los sentimientos puede dar lugar a tensiones internas y contribuir a la carga emocional acumulada, afectando negativamente nuestra salud mental a largo plazo.

La gestión efectiva de los sentimientos, es aprender a regular nuestras emociones, especialmente en momentos de estrés o desafío. Estrategias como la práctica de la atención plena, la búsqueda de apoyo social y la adopción de buenos hábitos, como el ejercicio regular y una buena higiene del sueño, pueden contribuir en gran medida a la estabilidad emocional.

Reconocer y honrar nuestros sentimientos es un acto de amor propio esencial. Una relación consciente y compasiva con nuestros sentimientos es paz para el alma, construimos un cimiento sólido para nuestra mente, permitiéndonos lograr un equilibrio emocional duradero.

Transformación de Emociones en Sentimientos:

Experiencia Emocional: Primero, experimentamos una emoción como respuesta a un estímulo específico. Un ejemplo claro, puede ser la tristeza, ¿quién no la ha sentido?.

Conciencia y Evaluación: Luego, nuestra mente toma conciencia de esa emoción, la interpreta y le da significado, generando un sentimiento asociado; que para el caso en mención es el sufrimiento, entonces es allí donde has dejado que la tristeza se prolongue y se aloje en tu pensamiento.

Relación con Trastornos Mentales:

Intensificación o Supresión: Cuando no somos capaces de manejar adecuadamente las emociones, estas pueden intensificarse o ser suprimidas, dando lugar a problemas de salud mental.

Rumia Emocional: La rumia emocional, o la repetición constante de pensamientos negativos, puede derivar en trastornos como la depresión o la ansiedad.

Te pasa que te levantas con una canción en la cabeza, que no para de sonar, así mismo es la rumia emocional, todo el día pensando y pensando en lo mismo.

Dificultades en la Gestión: La incapacidad para gestionar y comprender sentimientos puede contribuir a trastornos emocionales y afectivos.

Importancia de Identificarlos y Trabajar en Ellos:

Autoconocimiento: Reconocer y comprender los sentimientos permite un mayor autoconocimiento, facilitando la toma de decisiones y la adaptación a situaciones desafiantes.

Prevención de Trastornos Mentales: Identificar y trabajar en la gestión de los sentimientos puede prevenir el desarrollo de trastornos mentales al abordar las emociones de manera saludable.

Mejora de Relaciones: La habilidad para comunicar y comprender los propios sentimientos y los de los demás, siempre traerá como resultado relaciones llenas de solidaridad, compresión y empatía.

Manejo del Estrés: La gestión efectiva de los sentimientos ayuda a reducir el estrés y evita la acumulación de tensiones emocionales. Háblalos, grítalos, lloralos, enfréntalos, haz lo que tengas que hacer, pero sácalos.

Desarrollo de Habilidades Emocionales: Aprender a trabajar con los sentimientos es desarrollar habilidades emocionales como la empatía, la autorregulación y la emoción positiva.

Trastorno y enfermedad mental

La diferencia entre "trastorno mental" y "enfermedad mental" puede ser sutil, y a menudo se utilizan de manera intercambiable. Sin embargo, hay ciertos matices en su significado:

Trastorno Mental: El término "trastorno mental" se usa comúnmente en contextos clínicos y diagnósticos para describir condiciones que son objeto de estudio en la psicología y la psiquiatría. Un trastorno mental es una condición que afecta el pensamiento, el estado de ánimo y el comportamiento de una persona, interfiriendo con su capacidad para llevar a cabo actividades cotidianas, mantener relaciones sanas y disfrutar de una calidad de vida plena. Estos trastornos no son simplemente manifestaciones de debilidad o falta de voluntad; son afecciones médicas legítimas que involucran disfunciones en el cerebro, el sistema nervioso o factores psicológicos.

Existen numerosos tipos de trastornos mentales, cada uno con sus propias características y síntomas específicos. Algunos ejemplos comunes incluyen la depresión, la ansiedad, la esquizofrenia, el trastorno obsesivo-compulsivo (TOC) y los trastornos de la alimentación. Estas condiciones pueden variar en gravedad y duración, y afectar a personas de todas las edades, géneros, razas y antecedentes.

La etiología de los trastornos mentales es compleja y puede estar relacionada con factores genéticos, biológicos, psicológicos y ambientales. Experiencias traumáticas, desequilibrios químicos en el cerebro, predisposición genética y factores estresantes de la vida pueden contribuir al desarrollo de estos trastornos. Hay que hacer hincapié, que los trastornos mentales no discriminan y afectan a individuos de todos los estratos sociales.

Los síntomas de un trastorno mental pueden manifestarse de diversas maneras. Pueden incluir cambios en el estado de ánimo, pensamientos obsesivos o compulsiones, dificultades para concentrarse, alteraciones en el sueño, cambios en el apetito, aislamiento social, entre otros. La duración y la intensidad de estos síntomas pueden variar, y el diagnóstico preciso suele requerir la evaluación de un profesional.

El estigma social asociado con los trastornos mentales ha contribuido a malentendidos y discriminación hacia quienes los experimentan. Es crucial reconocer que la búsqueda de ayuda y tratamiento es un paso valiente y necesario. La atención adecuada puede incluir terapia psicológica, medicamentos, cambios en el estilo de vida y apoyo de la red de amigos y familiares.

La conciencia pública sobre la importancia de la salud mental ha aumentado, lo que ha llevado a una mayor comprensión y aceptación de los trastornos mentales como afecciones médicas legítimas.

La atención temprana y el tratamiento adecuado pueden marcar la diferencia en el manejo y la recuperación de estas. Abogar por la eliminación del estigma, promover la educación sobre el tema y fomentar un entorno comprensivo son pasos cruciales hacia una sociedad que apoye la salud mental de todos.

Enfermedad Mental: Hace referencia a alteraciones en el funcionamiento de la mente o el cerebro de una persona, a menudo se usa de manera más amplia y general para describir cualquier condición que afecte la salud mental, incluidos los trastornos psiquiátricos diagnosticables y también problemas más generales. Mientras que "trastorno mental" se utiliza con mayor frecuencia en un contexto clínico y diagnóstico, "enfermedad mental" puede tener un alcance más amplio e inclusivo, abarcando una variedad de desafíos y experiencias relacionadas con la bioquímica cerebral. Ambos términos se utilizan para describir estados de salud mental que causan malestar o disfunción, y su elección a menudo depende del contexto y del enfoque específico que se esté utilizando.

Una enfermedad mental se refiere a una condición de salud que afecta el funcionamiento psicológico y emocional de una persona, llevando a alteraciones sobresalientes en el pensamiento, el estado de ánimo, el comportamiento o las relaciones interpersonales. No son simplemente variaciones normales de la salud mental; son enfermedades que pueden interferir de manera sustancial en la vida diaria de quienes los experimentan.

Las enfermedades mentales, al igual que los trastornos, pueden abarcar una amplia variedad de diagnósticos, cada uno con sus propias características y manifestaciones. Los síntomas de una enfermedad mental pueden manifestarse de diversas maneras, afectando tanto el bienestar emocional como la capacidad para llevar a cabo actividades cotidianas. Estos síntomas pueden incluir cambios en el estado de ánimo, pensamientos negativos persistentes, alteraciones en el sueño, cambios en el apetito, dificultades para concentrarse y problemas en las relaciones interpersonales.

Es fundamental entender que las enfermedades mentales no son signos de debilidad personal ni de falta de voluntad. Al contrario, son circunstancias médicas legítimas que requieren tratamiento y apoyo adecuados. La estigmatización social asociada con las enfermedades mentales ha perpetuado malentendidos y barreras para aquellos que buscan ayuda.

La atención a la salud mental necesita la colaboración de expertos, como psiquiatras, psicólogos, trabajadores sociales y otros profesionales de la salud, junto con un enfoque integral que pueda incluir terapia, medicamentos, cambios en el estilo de vida y un sólido sistema de apoyo. La promoción de la conciencia y la comprensión pública, así como la lucha contra el estigma, son pasos esenciales para construir una sociedad que respalde y comprenda las complejidades de la salud mental. Algunos ejemplos son:

Depresión: Se caracteriza por sentimientos persistentes de tristeza, pérdida de interés en actividades, alteraciones del sueño y del apetito. Puede afectar en gran manera el estado de ánimo y el funcionamiento diario.

Trastorno de Ansiedad: Generalmente son experiencias de ansiedad intensa y persistente, que pueden manifestarse como ataques de pánico, fobias específicas o trastorno obsesivo- compulsivo. Interfiere con la vida cotidiana y puede generar malestar emocional.

Esquizofrenia: Se presenta con alteraciones en la percepción de la realidad, pensamiento desorganizado, alucinaciones y delirios. Puede afectar gravemente la capacidad de funcionar en la vida diaria y mantener relaciones.

Trastorno Bipolar: Episodios alternados de depresión y manía, que se caracteriza por un aumento de la energía y la actividad. El trastorno bipolar se presenta en forma de episodios recurrentes que van desde la manía (alegría, exaltación o euforia) en esta fase generalmente se actúa sin tener en cuenta límites o consecuencias, hasta la depresión (tristeza, inhibición e ideas de muerte). Estas variaciones anímicas influyen en los aspectos sociales, familiares, académicos o laborales de la persona que tiene la padece. Nota: el término se ha banalizado, no se trata de cambios de ánimo repentinos y normales durante un día, como muchos lo quieren hacer ver; es realmente doloroso y delicado para quien lo padece.

Trastorno de Personalidad Límite (Borderline): las personas con este trastorno, tienen dificultades en la regulación emocional, inestabilidad en las relaciones interpersonales y una autoimagen inestable. Las personas con trastorno límite de la personalidad, experimentan emociones extremas. Una vez que se desencadena una emoción fuerte, les resulta muy difícil calmarse. Por ello, suelen tener relaciones inestables. También tienen comportamientos autodestructivos, incluyendo intentos de suicidio.

Trastorno de Estrés Postraumático (TEPT): Síntomas después de experimentar un evento traumático, como recuerdos intrusivos, pesadillas y evitación de recordatorios. Es un trastorno real, que se desarrolla cuando una persona ha experimentado o presenciado un evento aterrador, impactante, o peligroso. Estos eventos estresantes o traumáticos generalmente involucran una situación en la que la vida de alguien ha sido amenazada o se han producido lesiones graves. La persona puede afectarse después de vivir o ver un evento traumático, como una guerra, un huracán, una violación, abuso físico o un accidente grave.

Trastornos de la Alimentación (anorexia, bulimia, trastorno por atracón): Son patrones anormales de alimentación y preocupación excesiva por el peso corporal.

Pueden afectar la salud física y mental, y poner en riesgo la vida. Estas afecciones traen problemas en la forma de pensar sobre la comida, la alimentación, el peso y la figura, así como en los comportamientos alimentarios.

Anorexia nerviosa: se trata de una restricción severa de la ingesta de alimentos, un miedo intenso a engordar y una distorsión de la imagen corporal. Las personas con anorexia nerviosa suelen tener un peso muy por debajo del normal y pueden presentar signos de desnutrición, como pérdida de cabello, amenorrea o hipotermia.

Bulimia nerviosa: se caracteriza por episodios recurrentes de atracones de comida seguidos de conductas compensatorias inapropiadas, como vomitar, usar laxantes o hacer ejercicio excesivo. Las personas con bulimia nerviosa suelen tener un peso normal o ligeramente elevado y pueden presentar signos de daño físico, como erosión dental, inflamación de las glándulas salivales o deshidratación.

Trastorno por atracón: se caracteriza por episodios de ingesta compulsiva de forma recurrente. En cada episodio, el individuo ingiere una cantidad de comida muy superior a la que la mayoría de la población comería en el mismo tiempo y después experimenta un sentimiento de culpa. Las personas con trastorno por atracón suelen tener sobrepeso u obesidad y pueden presentar signos de malestar psicológico, como depresión, ansiedad o baja autoestima.

Trastorno por evitación y restricción de la ingesta de alimentos: se caracteriza por una falta de interés o una aversión persistente hacia la comida que conduce a una ingesta insuficiente o selectiva.

Las personas con este trastorno pueden tener un peso normal, bajo o elevado y pueden presentar signos de deficiencias nutricionales, como anemia, osteoporosis o retraso del crecimiento.

Trastorno por Déficit de Atención e Hiperactividad (TDAH): El trastorno por déficit de atención e hiperactividad (TDAH) es uno de los trastornos del neurodesarrollo más frecuentes de la niñez. Habitualmente su diagnóstico se realiza en la niñez y a menudo dura hasta la adultez. Los niños con TDAH pueden tener problemas para prestar atención, controlar conductas impulsivas (pueden actuar sin pensar cuál será el resultado) o ser excesivamente activos.

Es importante recordar que la salud mental es diversa, y las personas pueden experimentar una variedad de síntomas y presentaciones. El diagnóstico y tratamiento adecuados deben ser realizados por profesionales de la salud mental.

Segunda Parte
Ahora sí, vamos a abrir el botiquín...

En esta parte vas a encontrar la curita, la venda, el alcohol, la pomada, la inyección, el analgésico o lo que necesites para tratar esa pequeña herida.

Euforia

La alegría, es una emoción que ilumina nuestro ser, generando una sensación de ligereza y bienestar. La importancia de la alegría para la vida es innegable. Esta emoción no solo contribuye a un estado de ánimo positivo, sino que también tiene beneficios para el cuerpo y la mente. La liberación de neurotransmisores asociados con la felicidad, como la dopamina y la serotonina, puede actuar como un poderoso antídoto contra el estrés y la ansiedad.

No obstante, es fundamental abordar la alegría con cierta precaución. Aunque la alegría en sí misma es una experiencia positiva, la forma en que actuamos cuando estamos sumidos en ella puede influir en nuestra vida.

En ocasiones, la desbordante alegría se transforma en euforia, la euforia puede llevar a decisiones impulsivas o a menospreciar riesgos, ya que la percepción de la realidad puede estar momentáneamente alterada.

Es crucial recordar que la moderación y la conciencia son igualmente importantes en estados de felicidad extrema.

La euforia es una emoción intensa y exaltada, caracterizada por un estado de ánimo extremadamente elevado, optimismo exagerado y una sensación de bienestar abrumador. Esta experiencia emocional puede estar vinculada a eventos positivos, logros personales, o incluso ser desencadenada por factores externos como sustancias químicas o drogas. Aunque la euforia puede ser una respuesta natural a eventos felices, también puede convertirse en un problema si es persistente, desproporcionada o se asocia con comportamientos de riesgo.

Qué hacer....

1. Estar consciente de tus propias emociones es el primer paso. Reconoce la presencia de la euforia y sé observador de tus pensamientos y comportamientos asociados. Reflexiona y escribe sobre las posibles consecuencias de tus acciones durante un estado de euforia. Evalúa si tus decisiones son realistas y seguras.
2. Una corta caminata de diez minutos libera endorfinas, hormonas que compensan el exceso de adrenalina en tu momento eufórico. Date una vueltita para calmarte.
3. Desarrolla prácticas de atención plena, esto puede ayudarte a mantener el equilibrio emocional y a reducir la intensidad de la euforia.
4. Establece límites claros para tus acciones y comportamientos durante momentos de euforia, si sabes que puedes acudir al consumo de drogas, alcohol, ir a un casino o

tener sexo sin control, escríbelo y léelo para hacer recordatorio de lo que no debes hacer. Establecer reglas personales puede ayudar a prevenir decisiones impulsivas.

5. Evita el chocolate, los dulces y la cafeína.

6. Realiza una actividad manual o artesanal, esto retornará tu atención a lo que haces y te tranquilizará.

Tristeza

La tristeza, esa emoción tan humana y compleja, se manifiesta como una respuesta natural a experiencias de pérdida, desilusión, cambio o adversidad. Es una de las emociones más universales y, aunque en ocasiones la asociamos con un sentimiento doloroso, también desempeña un papel importante en nuestra vida emocional y psicológica.

La tristeza se presenta de diversas formas, desde una melancolía pasajera hasta un profundo pesar. Puede ser desencadenada por eventos como la pérdida de un ser querido, la finalización de una relación o la confrontación con dificultades personales. Además, la tristeza también puede surgir de manera más difusa, conectada a cambios en la vida cotidiana o a la reflexión sobre experiencias pasadas.

Esta emoción tiene facetas multifacéticas. En su expresión más suave, la tristeza puede llevar a la contemplación, la introspección y la conexión emocional con los demás. Es una señal de que algo importa y tiene un impacto emocional en nosotros.

Sin embargo, cuando la tristeza persiste o se intensifica, puede transformarse en un estado de ánimo más debilitante, afectando la energía, la motivación y la visión de la vida.

Es crucial reconocer que la tristeza no es una debilidad, sino una parte intrínseca de la experiencia humana. Negar o reprimir esta emoción no vale de nada, es tan natural, como sentir hambre o sueño.

La tristeza puede actuar como una fuerza motriz para el crecimiento personal y la superación. Enfrentarla de manera constructiva, significa permitirnos sentir y expresar nuestras emociones, buscar apoyo social, y desarrollar estrategias para afrontar las adversidades.

La búsqueda de actividades que brinden consuelo, como la conexión con amigos cercanos, la práctica de pasatiempos o la expresión artística, puede ser beneficiosa para gestionar la tristeza.

Aunque la tristeza forma parte de la condición humana, es esencial distinguir entre la tristeza normal y los trastornos del estado de ánimo más graves, como la depresión clínica. Si la tristeza persiste, afecta el funcionamiento diario o se acompaña de otros síntomas preocupantes, buscar ayuda profesional puede ser fundamental.

Comprender y abrazar la tristeza como una emoción legítima nos permite navegar por los altibajos emocionales de la vida. Reconocerla como una expresión válida de nuestra humanidad nos proporciona la oportunidad de aprender, crecer y, eventualmente, encontrar la luz en medio de la oscuridad emocional.

La tristeza, como emoción humana, es una experiencia natural que forma parte del espectro emocional. Es una respuesta normal a situaciones de pérdida, desilusión o cambios difíciles en la vida.

La tristeza nos brinda la oportunidad de reflexionar, procesar y eventualmente adaptarnos a las circunstancias adversas.

Cuando estamos sumidos en un estado de tristeza profunda, es crucial tener precaución en nuestras acciones y decisiones. La tristeza puede influir en nuestra percepción de la realidad y afectar nuestra capacidad para tomar decisiones de manera clara. En lugar de reaccionar impulsivamente, es beneficioso tomarse el tiempo necesario para entender y aceptar las emociones asociadas con la tristeza. Actuar con cautela durante momentos de tristeza es reconocer la necesidad y casi obligación de cuidarnos.

Aquí algunos consejos para afrontar un inmenso estado de tristeza...

1. No reprimas tus emociones. Permítete sentir la tristeza y reconoce su presencia sin juzgarte.
2. Habla con personas de confianza sobre lo que estás experimentando. La expresión verbal de las emociones puede aliviar la carga emocional.
3. Dedica tiempo a cuidar de ti mismo, en ocasiones, la tristeza nos lleva a abandonarnos a nosotros mismos. Realiza actividades que te brinden consuelo y calma, como practicar la meditación, dar paseos tranquilos o leer.

5. Define metas realistas y alcanzables. Lograr pequeños objetivos puede generar un sentido de logro y contribuir a mejorar tu estado de ánimo, puede ser que tu tristeza nazca de alguna "frustración" por algún objetivo un poco lejano.

6. Escucha música, obviamente, alegre, que te haga cantar y te llene el corazón de gozo. La musicoterapia posee beneficios en el tratamiento de la tristeza. Contribuye a liberar dopamina, relacionada con la felicidad, además de disminuir la presión arterial.

7. El humor es tu gran aliado, ver una película de comedia o videos graciosos, alejarán poco a poco esa tristeza.

La comedia tiene el poder de elevar el ánimo y combatir la tristeza. Al reírte, aumentas los niveles de serotonina, otra sustancia química que influye en el bienestar emocional.

8. Llorar se asocia a la liberación de ciertas hormonas que nos ayudan a liberar carga emocional, reduciendo nuestros niveles de angustia. Son auténticos calmantes naturales frente a las situaciones que nos angustian o entristecen o aquellas que nos proporcionan dolor. Entonces, llora, es totalmente necesario.

9. Baila, uno de los principales beneficios del baile para la salud mental es que con él las personas pueden desconectar de sus preocupaciones y mejorar su estado de ánimo. A través del baile, el cuerpo libera endorfinas y algunos neurotransmisores que generan una sensación de bienestar y felicidad en la mayoría de las personas que lo practican. Es una buena manera de sumergirse en el presente y disfrutar del momento. En el baile lo más importante es concentrarse en los movimientos del cuerpo, algo que ayuda a despejar la mente de distracciones y pensamientos negativos.

Ira

La ira, una emoción muy fuerte y natural, forma parte intrínseca de la experiencia humana. Surge en respuesta a situaciones percibidas como injustas o amenazantes, y su función evolutiva radica en movilizar la energía para la defensa y protección.

Cuando nos encontramos inmersos en un estado de enojo intenso, es crucial ejercer cautela en nuestras acciones. El enojo desencadenado puede nublar el juicio y llevar a respuestas impulsivas que podrían generar conflictos o arrepentimientos. En lugar de actuar impulsivamente, se recomienda tomarse un momento para reflexionar sobre la causa escondida del enojo y considerar estrategias para gestionarlo de manera constructiva.

La ira, esa poderosa e intensa emoción, es una respuesta natural ante situaciones percibidas como injustas, amenazantes o frustrantes. Es una fuerza que puede surgir en distintos grados, desde una leve molestia hasta un enfado profundo y visceral. Entender la ira es esencial, ya que, aunque puede ser desafiante, su gestión saludable es fundamental para el bienestar emocional y las relaciones interpersonales.

La ira, en su forma más básica, es una respuesta adaptativa a situaciones que amenazan nuestros límites o nuestros valores.

Sirve como una señal de que algo está mal o que nuestras necesidades no se están satisfaciendo. Sin embargo, la forma en que expresamos y gestionamos esta emoción puede variar considerablemente.

La expresión saludable de la ira tiene su génesis en reconocerla, entender sus raíces y canalizarla de manera constructiva. La comunicación asertiva, la búsqueda de soluciones y la capacidad para establecer límites son formas productivas de gestionar la ira. Por otro lado, la represión o la expresión explosiva pueden tener consecuencias negativas tanto para la persona que experimenta la ira como para quienes la rodean.

La ira puede manifestarse en diversas formas, desde una irritación leve hasta un enojo abrumador. La clave está en aprender a identificar los desencadenantes y desarrollar estrategias para abordar la emoción.

La práctica de la empatía, la toma de perspectiva y la gestión del estrés son habilidades que pueden ayudar a manejar la ira de manera más efectiva.

Cuando la ira se vuelve crónica o descontrolada, puede contribuir a problemas de salud física y mental. La relación entre la ira y la salud cardiovascular, por ejemplo, destaca la importancia de gestionar esta emoción para prevenir complicaciones a largo plazo. En el ámbito de las relaciones, la ira mal gestionada puede erosionar la confianza y la conexión interpersonal.

La ira es una emoción compleja y poderosa que todos experimentamos en algún momento. Comprenderla, aceptarla y aprender a gestionarla de manera saludable son pasos esenciales para mantener relaciones positivas, preservar la estabilidad anímica y construir una vida emocional equilibrada.

La clave está en convertir la energía de la ira en una fuerza constructiva que promueva el crecimiento personal y la resistencia.

Estas son tus tareas...

1. Admitir y aceptar la presencia del enojo es el primer paso para abordarlo de manera efectiva.
2. Tomarse un momento para respirar profundamente puede ayudar a calmar la respuesta fisiológica asociada con el enojo y proporcionar claridad mental; mientras respiras, abre y empuña las manos con fuerza, verás cómo se va liberando la energía.
3. Si es posible, dar un paso atrás y permitirse cierto distanciamiento temporal antes de abordar la situación puede prevenir respuestas impulsivas.
4. Expresar el enojo de manera asertiva, sin recurrir a la agresión verbal o física, puede facilitar la comunicación y la resolución de conflictos. Tan pronto puedas pensar con claridad, expresa tu frustración de una manera asertiva, pero sin generar confrontación. Habla de tus preocupaciones y necesidades de forma clara y directa, sin lastimar a otros ni tratar de controlarlos. Habla en primera persona, en vez de decir: "Nunca ayudas a lavar los platos" podrías decir: "Me hace sentir muy bien cuando compartimos las labores del hogar, que tal si yo lavo y tu seca los platos". Evita el sarcasmo, solo va a empeorar las cosas.
5. En lugar de centrarse en la expresión del enojo, dirigir la energía hacia la búsqueda de soluciones constructivas contribuye a la resolución de conflictos, esfuérzate por resolver el problema en cuestión. Además, sé consciente de que algunas cosas están simplemente fuera de tu control.

Intenta ser realista en cuanto a lo que puedes y no puedes cambiar. Recuerda que la ira no soluciona nada y solo podría empeorar todo.

6. Tensiona todo tu cuerpo, aprieta todos tus músculos al tiempo lo más fuerte que puedas, mantente así por 20 o 30 segundos, luego suelta; repite esto por al menos 5 veces, es una excelente práctica de relajación y te puede ayudar a reducir el estrés y promover la calma.

7. Aprieta una almohada con todas tus fuerzas, mete tu cara en ella y grita fuertemente, necesitas liberar toda esa energía y una almohada es un buen elemento para hacerlo.

8. Habla con otros acerca de la razón de tu enojo, talvez otro punto de vista aclare el panorama, en ocasiones, estamos cegados y no logramos ver todo el paisaje.

9. Recurre al humor para liberar la tensión. Aligerar la situación puede ayudar a aliviar la tensión. Recurre al humor para ayudarte a enfrentar aquello que te hace enojar y, de ser posible, las expectativas poco realistas que puedas tener sobre cómo deberían salir las cosas. a ver una comedia, un stand up o leer algo divertido.

10. Salir del sitio donde estás, en el momento en el que sentimos la ira hasta calmarnos tiene la ventaja de que nos da tiempo para reducir la activación y ver las cosas más claras, sin actuar siendo víctimas de la rabia o el enojo. El mayor inconveniente es que es una conducta evitativa y eso no soluciona el problema ni lo hace desaparecer. Para no dar esa sensación, podemos informar a la persona con quien estamos en la situación, que necesitamos unos minutos para calmarnos y así poder dialogar sobre el tema. Una vez calmados hablaremos sobre lo que nos preocupa o nos enoja con una actitud asertiva y evitando los mensajes acusatorios, las etiquetas y las faltas de respeto, es decir, con asertividad.

Miedo

El miedo o temor es una emoción inherente y adaptativa que ha evolucionado como una respuesta natural a situaciones percibidas como amenazantes o peligrosas. Esta emoción desencadena respuestas fisiológicas y psicológicas destinadas a preparar al individuo para afrontar o evitar la situación amenazante.

Aunque el miedo tiene una función vital en la supervivencia, su importancia radica en la necesidad de gestionarlo de manera equilibrada, para poder accionar con sensatez.

Cuando nos encontramos inmersos en el miedo, es esencial actuar con precaución. La respuesta al miedo puede variar entre individuos, y reaccionar impulsivamente puede tener consecuencias negativas. Es fundamental adoptar estrategias que permitan afrontar el miedo de manera saludable.

El miedo, esa emoción primitiva arraigada en la supervivencia, es una respuesta natural a situaciones percibidas como amenazadoras o peligrosas. Desde el miedo a lo desconocido hasta el miedo a la pérdida o al fracaso, esta emoción desempeña un papel crucial en la adaptación y la protección del ser humano. Entender el miedo es esencial para afrontar sus efectos y utilizarlo como una señal valiosa en nuestra vida emocional.

El miedo puede manifestarse en una variedad de formas, desde una leve aprensión hasta el pánico abrumador. Su función primordial es activar el sistema de respuesta al estrés, preparando al cuerpo para enfrentar o huir de la amenaza percibida. El aumento del ritmo cardíaco, la dilatación de las pupilas y la liberación de hormonas como la adrenalina son parte de la compleja respuesta fisiológica al miedo.

Aunque el miedo puede ser una respuesta protectora, su persistencia o intensidad desproporcionada puede convertirse en un obstáculo para el bienestar emocional. Fobias, trastornos de ansiedad y estrés postraumático son ejemplos de situaciones en las que el miedo puede interferir en la vida diaria.

La gestión efectiva del miedo empieza por reconocerlo, comprender sus desencadenantes y desarrollar estrategias para afrontarlo de manera saludable. La exposición gradual a lo que genera miedo, técnicas de relajación, y la búsqueda de apoyo social o profesional son formas comunes de manejar esta emoción.

Vamos a resaltar el hecho que el miedo no siempre está relacionado con amenazas tangibles. Los miedos están vinculados a experiencias pasadas, creencias irracionales o anticipación de eventos futuros. La capacidad de evaluar de manera realista las situaciones y de regular las respuestas emocionales es esencial para gestionar el miedo de manera efectiva.

A pesar de sus desafíos, el miedo también puede ser una fuente de crecimiento personal. Superar los miedos, especialmente aquellos que limitan nuestras acciones y oportunidades, puede conducir a una mayor adaptabilidad.

La comprensión y aceptación del miedo como una emoción humana normal nos permite abrazar su función protectora mientras trabajamos para no dejar que nos paralice.

El miedo es una emoción intrínseca a la experiencia humana, diseñada para alertarnos y protegernos. Su gestión saludable comprende reconocer su presencia, llegar a sus orígenes y desarrollar estrategias para afrontarlo de manera constructiva. Al hacerlo, podemos convertir el miedo en una herramienta valiosa para la autenticidad, el crecimiento personal y la adaptación positiva a los desafíos de la vida.

¿Que sientes cuando tienes miedo?
Vulnerabilidad, sentirse desprotegido.
Un estado de alerta continuo, tensión y ansiedad extrema, por lo que pueda suceder.
Sensación de impotencia, por no tener control sobre la situación.
Alteración del sentido de la realidad, no saber exactamente que lo provoca o que sucede.

¿Cómo vas a actuar?...

1. Aceptar y reconocer la presencia del miedo es el primer paso para enfrentarlo. La autoconciencia es crucial para comprender las causas del miedo.
2. Practicar técnicas de respiración profunda y relajación puede ayudar a reducir la respuesta fisiológica al miedo, proporcionando una sensación de calma. Detente y concéntrate en tu respiración. Inspira y luego suelta el aire lentamente. Asegúrate de que la exhalación sea más larga que la inhalación para que consigas relajarte físicamente.

3. Evaluar la situación desde diferentes perspectivas puede ayudar a obtener una visión más objetiva y realista, disminuyendo la intensidad del miedo. Hay momentos para la acción y otros para la reflexión. Actuar demasiado rápido para superar la situación que te causa temor, puede llevarte a tomar decisiones que te harán más daño que bien.

4. La próxima vez que te ocurra prueba algo nuevo: "no hagas nada". Siéntate con tu miedo por unos minutos y pregúntate: ¿cuál es la causa principal de mi temor? ¿Cuál es la historia que me cuento a mí mismo acerca de mi incapacidad de superar ese miedo? Sentarte a reflexionar es el método más efectivo para superar tu miedo.

5. Si es posible, enfrentar gradualmente la fuente del miedo puede contribuir a desensibilizar la respuesta emocional, permitiendo una adaptación más efectiva. Si se entra en pánico un día en un ascensor, es mejor subir a otro al día siguiente y sentir el miedo hasta que desaparezca. Sea lo que sea lo que se teme, si se afronta debería empezar a desaparecer.

6. Compartir tus temores con amigos cercanos, familiares o profesionales de la salud mental puede proporcionar apoyo emocional y perspectivas adicionales.

7. Haz algo, cualquier cosa. Puesto que el miedo se alimenta de la inacción, no permanezcas inactivo. Prueba a hacer cosas nuevas, por simples que sean. Observarás cómo ganarás en auto confianza y asumirás nuevos retos.

8. El miedo se alimenta de lo desconocido. Entonces, hay que contraponerle datos, certeza, información, investigación, etc. Todo aquello que te permita juntar fuerzas para afrontarlo con mejores herramientas.

9. Ponte a ver contenidos de entretenimiento ligeros y tranquilos, las caricaturas o películas animadas son una excelente opción.

10. Escribe ¿Qué es lo peor que puede pasar? Saca la mayor cantidad de respuestas, y verás un panorama más amplio, e incluso en ocasiones, verás que nada malo va a suceder.

A tus respuestas, anticípate dando posibles soluciones, una vez plasmadas en el papel, tendrás un poco de seguridad, pues vas a tener una guía de cómo actuar.

Ansiedad

La ansiedad, esa respuesta natural del organismo ante situaciones percibidas como amenazadoras o estresantes, es una parte integral de la experiencia humana. Sin embargo, cuando la ansiedad se vuelve crónica o abrumadora, puede impactar en la calidad de vida y el bienestar emocional de una persona. La ansiedad se manifiesta de diversas maneras, desde una leve inquietud hasta ataques de pánico paralizantes.

Es una emoción que involucra una respuesta fisiológica, como el aumento del ritmo cardíaco, la tensión muscular y la liberación de hormonas del estrés. Aunque en situaciones de peligro real esta respuesta puede ser adaptativa, la ansiedad persistente ante situaciones no amenazadoras puede convertirse en un desafío emocional.

La ansiedad puede estar vinculada a diversos desencadenantes, como preocupaciones sobre el futuro, miedos irracionales, experiencias traumáticas o desafíos personales. Los trastornos de ansiedad, como el trastorno de ansiedad generalizada, el trastorno de pánico, la fobia social y las fobias específicas, son formas más intensas y persistentes de esta emoción.

Manejar la ansiedad nos lleva a comprender sus raíces y desarrollar estrategias para enfrentarla de manera saludable. La terapia cognitivo-conductual, la atención plena (mindfulness), la práctica regular de ejercicio y técnicas de relajación son enfoques comunes que pueden ayudar a reducir la ansiedad. La búsqueda de apoyo social y la comunicación abierta sobre los desafíos emocionales también son pasos valiosos en el proceso de manejo de la ansiedad.

La ansiedad no solo afecta la dimensión emocional, sino que también puede tener impactos físicos y cognitivos. Los problemas de sueño, la dificultad para concentrarse, la fatiga y los problemas gastrointestinales son ejemplos de síntomas físicos asociados a la ansiedad.

Además, la ansiedad puede generar patrones de pensamiento catastrófico y preocupación constante, afectando la calidad del pensamiento y la toma de decisiones.

Es fundamental desterrar el estigma asociado con la ansiedad y reconocer que buscar ayuda no es un signo de debilidad, sino un paso valiente hacia el autocuidado.

La educación pública sobre la ansiedad y la promoción de la comprensión y empatía pueden contribuir a crear entornos más solidarios para aquellos que luchan con esta emoción.

La ansiedad es una parte normal de la experiencia humana, pero su gestión adecuada es esencial para el bienestar general. Aprender a reconocerla, comprender sus desencadenantes y buscar apoyo son pasos importantes hacia la superación de los desafíos que la ansiedad puede presentar en la vida cotidiana.

Ponte manos a la obra...

1. Reconocer y aceptar la ansiedad como una emoción válida es el paso más importante para hacerle frente. Tomarse un momento para comprender las causas puede proporcionar claridad.
2. Practicar técnicas de respiración profunda puede ayudar a reducir la respuesta fisiológica asociada con la ansiedad y calmar el sistema nervioso
3. La ansiedad está vinculada a preocupaciones sobre el futuro. Enfocarse en el presente, utilizando técnicas de mindfulness, puede ayudar a calmar la mente. La práctica de simplemente quedarte inmóvil y concentrarte en tu respiración mientras dejas que pasen de largo tus pensamientos, mantenerte presente sin desviarte hacia preocupaciones sobre el pasado o el futuro.
4. Aromaterapia, es el uso de aromas, por lo general de aceites esenciales provenientes de plantas, para manipular el estado de ánimo. La teoría es que inhalar ciertos compuestos puede afectar las mismas partes del cerebro que los ansiolíticos, pero sin los preocupantes efectos secundarios. Algunos aceites esenciales que son populares para la ansiedad incluyen lavanda, rosa, flor de cananga, manzanilla, jazmín, albahaca, salvia y bergamota.
5. El hielo es un gran aliado, pon un cubo de hielo en la parte trasera del cuello o chupa hielo, al chupar el cubo de hielo, la producción de saliva aumenta y la función del sistema nerviosos se activa causando un distractor para una crisis de ansiedad.
6. Observar puede disminuir tus niveles de ansiedad, siéntate y concéntrate en un objeto u objetos, y detállalos, de que material son, para que sirven, sus colores, sus texturas,

desmenuza lo que más puedas todas sus características; ese momento de atención a algo externo, te ayudará mucho.

7. Abraza, abraza, abraza mucho, abraza con fuerza a alguien, el abrazo es un método súper poderoso. Así como los abrazos ayudan a reducir el estrés y la ansiedad, dar abrazos con frecuencia puede disminuir la presión arterial. Esto se debe al efecto relajante y tranquilizador que produce este tipo de contacto físico. Los abrazos producen oxitocina, la "hormona del amor" que se libera cuando se produce este vínculo afectivo. La oxitocina, cuando es liberada, nos proporciona un sentimiento de bienestar emocional, ayudándonos a sentirnos más tranquilos, además reduce los niveles de cortisol "la hormona del estrés". Si no tienes a nadie a tu lado para abrazar, abrázate a ti mismo, con cariño y con fuerza.

8. Establecer Rutinas: Mantener rutinas regulares puede proporcionar estructura y previsibilidad, ayudando a reducir la incertidumbre que a menudo contribuye a la ansiedad.

9. Dedicar tiempo a actividades que promuevan el bienestar, como hacer ejercicio, descansar adecuadamente y disfrutar de pasatiempos, puede tener un impacto positivo en la ansiedad. Salir a trotar durante 15 o 20 minutos, va a reducir tus niveles de ansiedad.

10. Además de la respiración profunda y el ejercicio, la visualización puede ser una buena técnica de relajación para aliviar la ansiedad. La visualización consiste, tal como su nombre lo sugiere, en crear imágenes mentales de cierta situación o lugar. Para ello, se recomienda cerrar los ojos, recostarse en un lugar cómodo, aflojar la ropa y los zapatos y concentrarse en la respiración.

A través de la visualización (que puedes hacer con ayuda de audios o vídeos de guía) vas a incorporar en esa imagen mental que estás creando todos los sentidos: gusto, olfato, vista, tacto.

La visualización ayuda a relajarnos y a conectarnos con el momento presente.

11. Compartir tus sentimientos con amigos, familiares o profesionales de la salud mental puede proporcionar apoyo emocional y perspectivas valiosas.

12. Al momento de lidiar con el malestar emocional o de ayudar a aliviar los síntomas durante un ataque de ansiedad, la música relajante puede ser una gran aliada para encontrar la calma y recuperar el equilibrio interior. Escuchar música relajante libera hormonas relacionadas con el bienestar, como la serotonina. Esta, a su vez, actúa como un analgésico que ayuda a calmar molestias físicas, así como a aliviar tensiones y preocupaciones.

13. Masticar chicle durante cinco minutos mejora el rendimiento cerebral debido a la producción de flujo de sangre en el cerebro producido por la masticación. Mascar chicle es un método eficaz para recuperar la calma porque puede promover la reducción de la ansiedad. Hay muchos circuitos neuronales que conectan nuestros órganos masticatorios con el cerebro, y mascar chicle puede estimular la función de estas áreas.

14. Identificar y limitar la exposición a estímulos estresantes, como noticias negativas o entornos caóticos, puede ayudar a reducir la ansiedad.

15. Toma un masaje relajante, es excelente terapia para la ansiedad.

Depresión

La depresión, una compleja y debilitante condición mental, va más allá de simples momentos de tristeza y se presenta como un estado prolongado de ánimo melancólico y desinterés generalizado. Es una de las enfermedades mentales más prevalentes y afecta a millones de personas en todo el mundo. La comprensión de la depresión es crucial para desterrar el estigma asociado y para proporcionar apoyo adecuado a quienes la experimentan.

La depresión no tiene una causa única y puede resultar de una combinación de factores biológicos, genéticos, psicológicos y ambientales. Experiencias traumáticas, eventos estresantes, desequilibrios químicos en el cerebro y predisposición genética pueden contribuir al desarrollo de la depresión. Aunque las manifestaciones varían, los síntomas comunes incluyen una profunda tristeza, pérdida de interés en actividades que antes resultaban placenteras, alteraciones en el sueño y el apetito, fatiga y sentimientos de desesperanza o inutilidad.

La depresión no distingue entre edades, géneros o estatus social, afectando a personas de todos los estratos. Es esencial reconocer que la depresión no es simplemente una "tristeza persistente", sino una afección médica seria que requiere atención y tratamiento.

La identificación temprana y la intervención adecuada pueden marcar una diferencia en la recuperación.

El impacto de la depresión va más allá del ámbito emocional, afectando la calidad de vida en todas sus dimensiones. Puede interferir en las relaciones interpersonales, el desempeño laboral y la salud física. La carga de la depresión no solo recae en quienes la experimentan directamente, sino también en sus seres queridos y en la sociedad en general.

El tratamiento para la depresión puede incluir terapia psicológica, medicamentos antidepresivos y cambios en el estilo de vida. La terapia cognitivo-conductual y la terapia interpersonal son enfoques comunes que buscan eliminar patrones de pensamiento negativos y mejorar las habilidades de afrontamiento. La participación activa en el proceso de tratamiento y el apoyo continuo son fundamentales para la recuperación.

La superación de la depresión requiere tiempo y esfuerzo, y cada individuo puede experimentar el proceso de manera única. La construcción de una red de apoyo sólida, con amigos, familiares y profesionales de la salud mental, es esencial para el camino hacia la recuperación.

La depresión es una enfermedad mental seria que impacta profundamente en la vida de quienes la experimentan. La comprensión, la empatía y la promoción de entornos de apoyo son elementos cruciales para desterrar el estigma y brindar la ayuda necesaria a aquellos que enfrentan este desafío.

El bienestar mental es un componente esencial del bienestar general, y manejar la depresión es un paso vital hacia una sociedad más compasiva y comprensiva, debido a que esta afecta a gran parte de la población mundial.

La depresión es un trastorno mental que afecta el estado de ánimo, la manera de pensar y la capacidad para llevar a cabo actividades diarias. Se manifiesta como una sensación persistente de tristeza, pérdida de interés en actividades placenteras, alteraciones en el sueño y el apetito, falta de energía y dificultades de concentración

La importancia de la depresión se encuentra en su impacto generalizado. Puede afectar las relaciones personales, el rendimiento académico o laboral, y la capacidad para disfrutar de la vida. Además, la depresión no solo afecta el bienestar emocional, sino que también puede tener consecuencias no tan buenas para la salud física, aumentando el riesgo de problemas como enfermedades cardiovasculares.

Cuando nos encontramos inmersos en un estado de depresión, es esencial tomar la situación con precaución. La depresión puede distorsionar la percepción de la realidad, generando pensamientos negativos y autocríticos. Actuar impulsivamente durante episodios depresivos puede tener consecuencias poco agradables.

¿Y qué puedes hacer?...

1. Ponerte en manos de profesionales de la salud mental, como psicólogos o psiquiatras, es fundamental para trabajar la depresión de manera efectiva.

2. Hablar con amigos cercanos o familiares acerca de los sentimientos depresivos puede aliviar la carga emocional y fomentar el apoyo social.

3. Mantener rutinas regulares proporciona estructura y estabilidad, lo que puede ayudar a contrarrestar la sensación de desorganización asociada con la depresión.

4. Haz una caminata de 15 a 30 minutos todos los días. O puedes bailar, practicar un deporte, hacer estiramientos o bien, yoga.

Las personas que están deprimidas tal vez no tengan muchas ganas de hacer actividad física. Intenta hacerlo de todos modos. Si necesitas un empujón, pídele a un amigo que haga ejercicio físico contigo. Comenzar a realizar cualquier actividad ayuda a mejorar tu estado de ánimo.

5. La depresión puede bloquear la creatividad y la capacidad para disfrutar de las cosas. Pero tal vez te ayude hacer cosas que hagan emerger tu creatividad.

Pinta (las mandalas son muy recomendadas), dibuja o haz cualquier manualidad. Cose, cocina o practica un hobbie. Escribe, baila o escucha música (alegre por su puesto).

6. Encuentra algo de lo que puedas reírte. Mira una película divertida. Haz cosas con las que disfrutes. Aunque solo sea un poquito. Esto te ayudará a combatir la depresión.

7. Definir metas alcanzables y gradualmente progresar hacia ellas puede generar un sentido de logro, contrarrestando la apatía característica de la depresión.

8. La depresión afecta el modo de ver las cosas. Las cosas pueden parecer tristes, negativas y desesperanzadoras. Para cambiar el punto de vista, ponte como meta detectar 3 cosas positivas todos los días. Cuanto más descubras lo que está bien, mejor te sentirás.

9. Aunque la depresión puede llevar a la tendencia de aislarse, es crucial mantener conexiones sociales y participar en actividades sociales, incluso si inicialmente parecen desafiantes.

10. Sé que es muy difícil, pero no imposible, levántate, báñate, cambia tus sábanas, abre las ventanas, limpia tu espacio. Cualquiera de estas acciones permitirá que cambies el chip mental, permitiéndote sentir productivo y, quizá, motivado para continuar con lo que venga.

11. Los rompecabezas o puzzles son juegos que han trascendido generaciones. Estas actividades desafían la percepción visual, la concentración y la habilidad de resolución de problemas. Dependiendo de la complejidad del rompecabezas, puede ser una tarea para horas o incluso días. Al completar cada pieza, el cerebro recibe una sensación de logro y satisfacción.

12. Sumergirse en las páginas de un libro o revista es como embarcarse en un viaje sin moverse del lugar. La lectura no solo amplía el vocabulario y mejora la comprensión lectora, sino que también desafía la imaginación y agudiza la mente. Cada historia, artículo o poema es una ventana a nuevos mundos, perspectivas y conocimientos. Si quieres lee acerca del tema, así lo comprenderás y aprenderás como gestionarlo.

13. Incorporar prácticas de relajación, como la meditación o la respiración profunda, puede ayudar a reducir el estrés y la ansiedad asociados con la depresión.

14. Juega, el jugar con un niño, una mascota o con cualquier persona, es inmensamente terapéutico, esta actividad hará que te distraigas y salgas del bucle de tristeza en el que te encuentras.

15. Reconocer que la recuperación puede llevar tiempo y practicar la paciencia consigo mismo es fundamental en el proceso de manejo de la depresión.

16. En la depresión muchas veces se pierde la perspectiva de las cosas y se tiende a ver todo mucho más negativo de lo que realmente es. Analiza los problemas de la manera más objetiva que puedas, si crees que has perdido la perspectiva consúltalo con alguien cercano que te pueda dar otro punto de vista.

Si el problema que analizas no tiene solución, tendrás que aprender a vivir con ello y aceptarlo como una realidad, si tiene solución, escribe todas las alternativas que tengas con las ventajas y desventajas de cada una de ellas, una vez hecho esto pon en marcha aquella que más beneficiosa sea.

17. Los perros y gatos son capaces de ofrecer beneficios emocionales en personas que se enfrentan a la depresión.

Desde el punto de vista psicológico, contar con animales domésticos en casa puede ser de ayuda para ejercitar la introspección: al hablar con tu mascota, que no te juzgará ni podrá contar a otros tus intimidades, tienes la oportunidad de escucharte en voz alta y reflexionar sobre la marcha. Así, poco a poco, irás descubriendo dentro de ti las claves para mejorar tu autoconocimiento y reconfigurar tu rutina dejando atrás el dolor.

Cuando alimentas a tu mascota, cuando la cepillas, cuando recuerdas oportunamente ir a por su comida o llevarle a un control veterinario, estás ejercitando un montón de capacidades que te ayudarán a convencerte de que eres una persona cuidadosa, cariñosa, responsable y capaz, lo que te llevará a mejorar tu nivel emocional.

18. Ponte a bailar, con el baile es posible crear un espacio de calma, y relajarse tanto física como mentalmente. Hay que tener presente que es necesario contar con herramientas que ayuden a luchar contra esta condición. El baile, aunque es principalmente una experiencia física, tiene un impacto significativo sobre el bienestar mental, y sirve como vía de escape.

Cuando las personas bailan también producen menos cortisol, una hormona asociada comúnmente al estrés, muchas depresiones se desencadenan por altos estados de estrés, y generan niveles más altos de dopamina y serotonina, neurotransmisores relacionados con el bienestar.

19. Consume contenido de valor, nada de noticieros, telenovelas o películas dramáticas o tensas.

Pánico

Los ataques de pánico pueden generar una sensación de vulnerabilidad extrema y contribuir al desarrollo de ansiedad anticipatoria, donde la preocupación constante de experimentar otro ataque puede limitar las actividades cotidianas y afectar la calidad de vida.

Cuando nos encontramos inmersos en un ataque de pánico, es crucial actuar con precaución. Los síntomas pueden ser abrumadores, y reaccionar impulsivamente puede exacerbar la intensidad del episodio.

Es fundamental adoptar estrategias que ayuden a manejar el ataque de manera efectiva.

El trastorno de pánico, una forma intensa de ansiedad, se caracteriza por episodios repentinos e intensos de miedo abrumador, acompañados por síntomas físicos y cognitivos intensos. Estos episodios, conocidos como ataques de pánico, pueden surgir de manera imprevisible, generando una sensación avasalladora de terror y una preocupación extrema sobre la posibilidad de que vuelvan a ocurrir.

Durante un ataque de pánico, las sensaciones pueden incluir dificultad para respirar, palpitaciones aceleradas, sudoración excesiva, temblores, mareos y una sensación de pérdida de control.

A menudo, estos síntomas alcanzan su punto máximo en cuestión de minutos y, aunque los ataques de pánico en sí mismos no son dañinos, la aprensión constante acerca de cuándo ocurrirá el próximo episodio puede afectar la calidad de vida.

El trastorno de pánico puede impactar tanto en el ámbito físico como en el emocional. Las personas que sufren de este trastorno pueden experimentar cambios en su comportamiento, evitando situaciones que temen que desencadenen un ataque de pánico, lo que puede limitar sus actividades diarias. A nivel emocional, la ansiedad anticipatoria puede generar un círculo vicioso, exacerbando la frecuencia e intensidad de los ataques de pánico.

La causa exacta del trastorno de pánico no es completamente comprendida, pero se cree que factores genéticos, biológicos y ambientales pueden contribuir a su desarrollo. Experiencias traumáticas, altos niveles de estrés y predisposición genética son factores que se asocian con la aparición de este trastorno.

La conciencia pública sobre el trastorno de pánico es esencial para desterrar el estigma asociado y promover la comprensión de que se trata de una condición médica tratable. Aquellos que enfrentan este trastorno pueden beneficiarse de la búsqueda de ayuda profesional y el apoyo de amigos y familiares.

El trastorno de pánico es una forma intensa de ansiedad que afecta a quienes lo experimentan en múltiples niveles. La comprensión, la empatía y el acceso a tratamientos efectivos son clave para ayudar a las personas a manejar y superar este desafío, permitiéndoles recuperar el control sobre sus vidas y disfrutar de un bienestar emocional sostenible.

Ante un ataque de pánico, puedes...

1. Aceptar que estás experimentando un ataque de pánico y que, aunque es aterrador, no es peligroso. Reconocer la experiencia puede ayudar a reducir la resistencia y la ansiedad asociada. Aceptar que estás teniendo un ataque de pánico puede ayudarte a mantener la calma y recordarte a ti mismo que es algo temporal y pasajero.
2. Utilizar técnicas de respiración profunda puede ayudar a calmar el sistema nervioso y reducir los síntomas físicos del ataque.

3. Tratar de concentrarte en el momento presente puede ayudar a disminuir la sensación de anticipación y miedo futuro. Puedes hacerlo nombrando objetos a tu alrededor o describiendo lo que ves. Puedes comenzar a buscar en el lugar donde te encuentres, objetos que empiecen con cada una de las letras del abecedario.

4. Trabaja la técnica de los cinco sentidos. Una cosa para ver, dos cosas para oler, tres cosas para tocar, cuatro cosas para escuchar y cinco cosas para probar; esto lo puedes hacer en el orden que quieras.

5. Busca un Lugar Seguro. Si es posible, trasladarte a un lugar tranquilo y seguro puede proporcionar un ambiente más propicio para manejar el ataque.

6. Evitar la Autoexigencia: Recordar que no estás solo en esta experiencia y que no hay culpa asociada al tener un ataque de pánico. La autoexigencia puede aumentar la ansiedad.

7. Contactar a un ser querido. Si estás acompañado, compartir con alguien de confianza lo que estás experimentando puede brindar apoyo emocional y disminuir la sensación de soledad. Hablar sobre tus sentimientos y lo que estás experimentando con un amigo o miembro de la familia puede ayudarte a procesar lo que está sucediendo y sentirte más comprendido.

8. Evita sustancias que pueden aumentar la ansiedad, el alcohol y las drogas pueden aumentar los ataques de pánico, por lo que es recomendable evitarlos.

9. Un baño con agua caliente te ayudará a relajarte.

10. Cultivar una actitud compasiva hacia ti mismo y reconocer que los ataques de pánico no definen tu valía como persona.

11. Aléjate de los noticieros, o las películas que sean tensionantes.

Límites

Los límites son barreras que establecemos para proteger nuestra integridad emocional, mental y física. Son declaraciones claras que delinean qué comportamientos, acciones o situaciones son aceptables y cuáles no. Estos límites son esenciales para preservar la salud mental y mantener relaciones equilibradas.

La importancia de establecer límites, radica en la capacidad de salvaguardar nuestro bienestar emocional y mantener buenas relaciones. Poner límites claros nos ayuda a establecer expectativas, proteger nuestra energía emocional y fomentar relaciones basadas en el respeto mutuo. Cuando no establecemos límites, corremos el riesgo de sentirnos agotados, resentidos y emocionalmente agobiados.

Los límites no se imponen a otros, sino que se establecen y refuerzan internamente para salvaguardar el bienestar propio. Los límites los demarcamos nosotros para nuestra propia vida.

Estos límites actúan como fronteras que definen hasta dónde estamos dispuestos a permitir ciertos comportamientos o situaciones en nuestras vidas, y son esenciales para mantener relaciones sanas.

Al tener nuestros límites claros, nos otorgamos el derecho de ser tratados con respeto y dignidad.

Esto no significa crear muros infranqueables, sino más bien delinear las áreas en las que nos sentimos cómodos y seguros.

Cómo establecer límites....

1. Sé muy claro. El primer paso es responder de forma amable, pero directa y sin dar muchas explicaciones sobre por qué decidiste negarte a algo, por ejemplo: "no podré asistir, tengo otros planes". Claridad y comunicación directa, expresar tus límites de manera clara y directa es fundamental. La comunicación abierta y honesta es clave para evitar malentendidos.

2. Sé empático, pero firme. El segundo paso es ponerte en los zapatos de la otra persona, y de forma cortés declinar su petición, por ejemplo: "lamento que te encuentres en dificultades económicas, pero en este momento tampoco cuento con dinero extra".

3. Date un tiempo para meditar. En caso de que no estés seguro si quieres o no aceptar una petición, la sugerencia es pedir de forma educada tiempo para considerarlo un poco más.

4. No te tomes tan en serio la crítica. Una técnica común con la que las personas obtienen lo que desean es con el chantaje, si esa otra persona te señala como alguien egoísta, malo o desconsiderado por anteponer tu bienestar, te recomendamos no tomarte sus ataques tan enserio, y simplemente mantener la calma con la ayuda del diálogo. "Lamento que creas eso de mí, pero no está en mis posibilidades apoyarte en este momento".

5. Mantener la consistencia en la aplicación de límites es esencial para establecer expectativas claras y construir relaciones basadas en la confianza. No es bueno un día sí y un día no.

6. Decir "no" de manera respetuosa pero firme cuando sea necesario es parte integral de establecer límites. Es una afirmación saludable de tus propias necesidades y límites personales.

7. Tener claro qué es importante para ti te ayudará a establecer límites que reflejen tus valores y metas personales.

8. Reconoce las Señales de Agotamiento. Prestar atención a las señales de agotamiento emocional o físico es crucial. Establecer límites preventivos puede evitar llegar a estos extremos.

Procrastinación

La procrastinación es el acto de postergar o aplazar tareas, en favor de actividades menos prioritarias, pero más placenteras o cómodas. Se caracteriza por la demora en la realización de actividades importantes o necesarias, a pesar de conocer las consecuencias negativas asociadas. Aunque a veces se confunde con la pereza, la procrastinación es más que simplemente no querer hacer algo; es una elección consciente de posponer acciones que deberían cumplirse.

La procrastinación, ese hábito común, pero a menudo frustrante de posponer tareas importantes, afecta a muchas personas en distintos aspectos de sus vidas.

Aunque todos procrastinamos ocasionalmente, cuando esta dilación se convierte en un patrón persistente, puede tener consecuencias en la productividad, el bienestar emocional y el logro de metas.

Diferenciar la procrastinación de la pereza es fundamental. Mientras que la pereza puede ser una falta general de motivación o energía para hacer cualquier cosa, la procrastinación se refiere específicamente al aplazamiento de tareas específicas, acompañado por un sentimiento de culpa o ansiedad.

La procrastinación puede manifestarse de diversas maneras, desde demorar el inicio de una tarea hasta aplazar decisiones importantes. Las causas son variadas e incluyen factores como la falta de motivación, el miedo al fracaso, la ansiedad ante la tarea, la búsqueda de gratificaciones instantáneas o simplemente la dificultad para establecer prioridades.

El ciclo de la procrastinación comienza con una tarea pendiente. Ante la incomodidad o el desagrado asociado con esa tarea, se busca distracción o se pospone el inicio, generando alivio temporal, pero agravando la ansiedad a largo plazo. Este patrón puede convertirse en un hábito que obstaculiza el rendimiento académico, laboral y personal.

Entender la procrastinación conlleva explorar sus raíces y desarrollar estrategias efectivas para enfrentarla. La gestión del tiempo, la fijación de metas realistas, la división de tareas en pasos más pequeños y eliminar las creencias negativas sobre la propia capacidad son enfoques que pueden ayudar a superar este hábito.

La procrastinación también está vinculada con la salud mental, ya que la constante postergación puede generar estrés, ansiedad y una sensación de fracaso.

La autoexigencia excesiva y la evitación de tareas desafiantes pueden contribuir al ciclo negativo de la procrastinación, afectando la autoestima y la percepción de competencia personal.

Superar la procrastinación trae consigo, en parte, trabajar en la autorregulación emocional y la automotivación. Establecer metas alcanzables, celebrar pequeños logros y desarrollar hábitos productivos son pasos hacia la construcción de una mentalidad proactiva. La aceptación de que la perfección no siempre es alcanzable y que el aprendizaje viene acompañado de errores puede reducir la presión que conduce a la procrastinación.

Afrontar la procrastinación es un proceso de auto reflexión y autodirección. Identificar patrones específicos, comprender las emociones asociadas y establecer estrategias de afrontamiento son pasos fundamentales para aquellos que buscan superar este hábito y alcanzar un mayor nivel de eficiencia y satisfacción en sus vidas.

Pasos a seguir...

1. Descomponer tareas. Dividir tareas grandes en pasos más pequeños y manejables puede hacer que parezcan menos abrumadoras y más fáciles de ejecutar.
2. Definir metas alcanzables y realistas ayuda a evitar la procrastinación al crear expectativas asequibles.
3. Asignar plazos específicos para tareas puede proporcionar una estructura temporal que motive a realizarlas de manera más inmediata.
4. Identificar y minimizar las distracciones, como dispositivos electrónicos o entornos ruidosos, puede aumentar la concentración y reducir la tentación de procrastinar.

5. Establecer recompensas para después de completar tareas puede motivar a realizarlas de manera más eficiente.

6. Entender las razones de la procrastinación puede ayudar a reconocer patrones específicos y trabajar en soluciones más efectivas.

7. Iniciar con tareas pequeñas: Comenzar con tareas más pequeñas y menos intimidantes puede ayudar a generar impulso y facilitar el abordaje de tareas más grandes.

8. Compartir metas y progresos con amigos, familiares o colegas puede proporcionar apoyo emocional y rendir cuentas, lo que reduce la probabilidad de procrastinar.

9. La Regla de los Dos Minutos, dice que si estás planificando una acción que se puede hacer en menos de dos minutos, no la planifiques; hazla.

Puedes extender ese tiempo a 5 ó 10 minutos. Si haces de esta regla un hábito, habrá una multitud de tareas que no vas a tener la oportunidad de posponer.

10. Si conviertes la tareas repetitivas y aburridas en rutinas, terminarás haciéndolas sin apenas esfuerzo. Las rutinas son hábitos o costumbres que haces de forma casi inconsciente y simplifican tu vida.

11. Puede que no sea el momento de hacer algo. A veces creemos que tenemos que hacer algo simplemente porque lo hemos empezado.

Si el tiempo hace que ese proyecto ya no tenga tanto sentido o no sea lo suficientemente importante, simplemente déjalo y haz otras cosas.

12. 1,2,3, Acción! Cuando tengas algo para hacer, cuenta hasta tres y empieza, sin excusas.

Fracaso

No es fracaso, es simplemente un resultado no esperado.

El fracaso es una experiencia inevitable en la vida, caracterizada por la falta de éxito en alcanzar un objetivo o lograr un resultado deseado. Aunque comúnmente se asocia con sentimientos de decepción, tristeza o desánimo, el fracaso también puede ser una fuente valiosa de aprendizaje y crecimiento personal. Su importancia en radica en la forma en que las personas interpretan y manejan estas experiencias.

En lugar de ver el fracaso como una afrenta personal, es esencial entenderlo como una parte natural del proceso de aprendizaje y desarrollo. La capacidad para afrontar el fracaso de manera saludable puede tener un impacto positivo en la salud mental y contribuir al fortalecimiento de la robustez emocional.

El fracaso, aunque temido y evitado, es una parte inevitable y, en muchos casos, instructiva. En lugar de ser una señal de debilidad o incapacidad, el fracaso puede ser un precursor del crecimiento personal y profesional. Entender y acoger el fracaso como una experiencia de aprendizaje es esencial para superar los desafíos y avanzar hacia el éxito.

El fracaso puede manifestarse en diversas áreas de la vida, desde metas personales hasta proyectos laborales.

Puede ser resultado de decisiones equivocadas, imprevistos o simplemente de la naturaleza intrínseca de asumir riesgos. La reacción inicial al fracaso involucra emociones como la decepción, la tristeza o la frustración, pero es importante mirar más allá de estas respuestas iniciales y reconocer las oportunidades de aprendizaje que pueden surgir.

Básicamente hay seis emociones frecuentes asociadas al fracaso son:

- **Frustración.** La sientes porque no has alcanzado tu meta.

- **Ira.** Aparece el enojo y la rabia, la ofuscación porque se te ha privado de aquello que querías alcanzar.

- **Decepción.** Puede estar dirigida hacia ti y hacia otros.

- **Culpa.** Ante el fracaso piensas podrías haber hecho algo mejor y te sientes culpable en todo o en parte por el resultado negativo.

- **Resentimiento.** Puedes resentirte con otras personas que creías que podrían haberte ayudado y no lo hicieron

- **Miedo.** Transversal a todas las emociones puede surgir el miedo, ya que en los momentos de fracaso sientes que todo está perdido y que no habrá nada que calme esas emociones tan intensas. También puedes tener miedo de volver a intentar y de fracasar otra vez.

Fracasas tú o tu expectativa, no hay que perder de vista que los fracasos suelen ser subjetivos, no objetivos. Esto tiene más que ver con no cumplir nuestras expectativas. Es muy probable que los demás no vean nuestro fracaso igual que nosotros, incluso, pueden tener una opinión totalmente opuesta a la nuestra.

Uno de los mayores beneficios del fracaso es su capacidad para proporcionar lecciones valiosas. Las experiencias de fracaso pueden revelar áreas de mejora, ayudar a ajustar estrategias y permitir un mayor entendimiento de uno mismo. A través del análisis reflexivo, se pueden extraer conocimientos que contribuyan a una mayor fuerza, para afrontar futuros desafíos.

Es crucial desterrar el estigma asociado con el fracaso y entender que no define el valor personal de alguien. En lugar de percibirlo como un revés insuperable, el fracaso puede ser visto como un paso más hacia el logro de metas más grandes. Las historias de éxito están entrelazadas con múltiples intentos y errores que eventualmente conducen al triunfo.

El miedo al fracaso puede paralizar a algunas personas, impidiéndoles tomar riesgos y perseguir sus aspiraciones. Sin embargo, reconocer que el fracaso es una parte inherente del proceso hacia el éxito puede liberar a las personas del miedo paralizante y fomentar una mentalidad de crecimiento.

La resistencia frente al fracaso es simplemente aceptar la posibilidad de errores, aprender de ellos y seguir adelante con una mayor determinación y sabiduría. Cultivar una actitud positiva hacia el fracaso puede contribuir no solo a un mayor logro personal, sino también a un entorno más colaborativo y comprensivo, donde el aprendizaje y la mejora son celebrados.

El fracaso no es el fin de un camino, sino una curva en la trayectoria hacia el éxito. Aceptar las lecciones que el fracaso puede ofrecer es fundamental para seguir adelante en el viaje de la vida. Recuerda que, si fracasas 10 veces, habrás aprendido 10 maneras de no hacer lo incorrecto, así que tómalo a tu favor.

Cómo puedes afrontarlo...

1. Es bueno respetar el periodo de duelo. Invertimos muchas horas de nuestra vida a nuestro "proyecto" y, lógicamente, lo echaremos de menos. No solo horas, sino mucha ilusión, algún quebradero de cabeza, dinero, etcétera. Por este motivo, es sano despedirse del proyecto y retomar uno nuevo con serenidad.

2. Actitud constructiva. Para gestionarla de forma inteligente hay que conocer que la intención positiva de la tristeza es avisarnos de una posible pérdida o cambio (no se cumplieron nuestras expectativas, no ganamos o conseguimos lo que queríamos o lo que esperábamos); pero lo hace con la finalidad de que nos paremos a pensar sobre cómo podemos adaptarnos a la nueva situación para sobrevivir.

3. Cambiar la perspectiva. En lugar de ver el fracaso como un indicador de incompetencia, considéralo como una oportunidad para aprender y mejorar. Cambiar la perspectiva puede ayudar a reducir la carga emocional asociada. Te sugiero que entables la siguiente conversación contigo mismo: ¿Qué debo aprender de esta situación?, ¿Cómo hice las cosas?, ¿Qué me dice este traspié de mi manera de trabajar, amar, etc.? ¿Cuál es el modo en que me relaciono con los demás?, ¿Cuáles capacidades, necesidades y límites personales debo revisar?, hazte muchas preguntas, escribe las respuestas y analiza.

4. Aceptar las emociones. Es normal sentirse decepcionado, triste o frustrado después de un fracaso. Aceptar estas emociones y permitirse experimentarlas es un paso crucial para la gestión emocional.

5. Tomar el control de tu vida significa asumir la responsabilidad de todos tus actos, pero también detectar aquello que escapa de tus manos.

Examina las variables que están a tu alcance y reconoce tus límites. Cuando pretendes tener el control de todo, llegará la sensación de fracaso tarde o temprano, porque simplemente es imposible.

6. Es primordial separar el fracaso de ti mismo. La frase "soy un fracaso" es tremendamente castradora porque al final de día terminas viendo una eventual derrota como un monstruo que te paraliza, volviendo añicos tu autoestima. Recuerda que el éxito pasa por baches, es un proceso de ensayo y error.

7. Si estás en medio de un fracaso o derrota, huye de los pesimistas o fatalistas, aquellos que te siembren dudas de cómo salir del escollo o de tus propias capacidades. Estos, en vez de apoyarte y proponerte soluciones, nublarán aún más el horizonte. Rodéate en cambio de personas exitosas que te inspiren y motiven. Aprende de sus historias y de cómo superaron los obstáculos en sus propias vidas.

8. El perfeccionismo no es un don, sino más bien una mentira mental en la que nos enredamos nosotros mismos. Asume con humildad que todos fracasamos en un momento dado y que tú eres un ser imperfecto, como todos. Si miras con calma en qué fallaste, podrás confrontar tus debilidades y detectar habilidades nuevas.

9. Establece metas realistas. Asegúrate de establecer metas alcanzables y realistas. El establecimiento de expectativas poco realistas puede aumentar la probabilidad de percibir situaciones como fracasos.

10. Enfócate en el esfuerzo y la dedicación, no solo en los resultados. Celebrar los intentos y el proceso puede aumentar la motivación. A veces, el fracaso nos hace sentir como si no fuéramos lo suficientemente buenos.

Haz una lista de tus fortalezas y recuerda todas las cosas positivas que has logrado en tu vida.

Sumado a esto, visualiza tu éxito: cómo te gustaría que fuera tu futuro y trabaja para lograrlo. Haz un plan para alcanzar tus metas.

Metas

Las metas son objetivos específicos que una persona se propone alcanzar en un período determinado. Estas pueden abarcar diversas áreas de la vida, como profesional, personal, académica o de bienestar. Trazar metas nos guía a establecer intenciones claras y definir los pasos necesarios para lograrlas, proporcionando dirección y propósito a nuestras acciones.

La importancia de trazar metas radica en su capacidad para proporcionar un marco estructurado para el crecimiento personal y el desarrollo. Al establecer metas, se crea un mapa que guía nuestras decisiones y acciones, permitiéndonos avanzar de manera progresiva hacia logros importantes. Este proceso no solo contribuye al éxito tangible, sino que la satisfacción se expande generando un bienestar total.

La relación entre trazar metas y la salud mental es un camino de doble vía. Establecer y trabajar hacia metas puede generar un sentido de logro, aumentar la autoestima y proporcionar un propósito claro en la vida. A su vez, una estabilidad anímica, crea un ambiente propicio para el establecimiento de metas, ya que la claridad mental y emocional facilita la planificación y ejecución de acciones.

Consejos prácticos para establecer metas...

1. El método SMART (por sus siglas en inglés) es una forma muy útil de determinar objetivos alcanzables y que le aporta resultados reales a una persona o empresa. ¿Cómo establecer metas usando este método? Es muy simple, solo asegúrate de que sean:

- **Específicos**: en lugar de pensar en ideas vagas y abstractas, genera objetivos concretos y claros en mente. Esto facilitará mucho tu trabajo.
- **Medible**: no puedes alcanzar una meta sin seguirla de cerca, así que asegúrate de que sea posible medir tu progreso en la consecución de la meta.
- **Alcanzable**: ¿recuerdas que hablamos de caminar sobre la luna? Así es. Es importante que sea realista y que sepas lo que podrás lograr.
- **Relevante**: ¿qué influencia tendrá tu meta en tu vida o en la vida de los demás? Es decir, ¿cuál es su relevancia? Pensando en tu empresa, ¿cuál es la relevancia de la meta planteada para tu negocio?
- **Temporal**: ¿cuál es la fecha límite para completar tu meta? Sin esto, es más fácil decir "mañana lo hago" y dejar las tareas más complicadas para después.

2. Uno de los ingredientes esenciales para alcanzar una meta es la motivación, especialmente si la meta en cuestión es desafiante.

Es cierto que no se trata de actuar con emoción, y que es importante seguir un proceso basado en acciones prácticas y racionales para concluir lo establecido.

3. Descomponer metas grandes en pasos más pequeños hace que el proceso sea más manejable y facilita el seguimiento del progreso. Los grandes objetivos pueden parecer imposibles de alcanzar. En tal caso, lo que suele ocurrir es un círculo vicioso que impide que la persona salga de la inercia.

4. En este ciclo, el desafío parece inmenso, que puede resultar en una falta de motivación: ¿de qué sirve actuar sin ver resultados?

Debido a la falta de resultados, todo parece imposible y, por lo tanto, ¡los objetivos nunca se cumplen!

La solución es dividir los grandes objetivos en tareas más pequeñas y sencillas. Cuando menos lo esperas, ya estás mucho más cerca de tu destino final.

5. Identificar y priorizar metas según su importancia y urgencia ayuda a asignar recursos y esfuerzos de manera efectiva.

6. Tus metas deben estar en consonancia con tu realidad actual. Esto está relacionado con el tiempo que puedes dedicarle, los esfuerzos que estás dispuesto a realizar, el dinero que necesitas invertir, entre otros factores importantes. No se trata de limitar tus objetivos, sino de hacerlos realistas. Esto hará que el camino sea mucho más viable, aunque a veces sea difícil. Después de todo, si tienes los recursos necesarios y te sientes listo, solo depende de tu dedicación a esa meta.

7. Debes estar dispuesto a ajustar metas en función del progreso y las circunstancias cambiantes, esto permite una adaptación continua y realista.

8. Visualizar el éxito. Imaginar el logro de las metas y visualizar el éxito puede aumentar la motivación y fortalecer la determinación.

9. Compartir metas con amigos, familiares o mentores puede proporcionar apoyo emocional, perspectivas adicionales y rendición de cuentas.

10. Celebra los Logros Intermedios. Reconocer y celebrar los logros intermedios refuerza la motivación y proporciona un impulso adicional para continuar trabajando hacia metas más grandes.

11. Evita dejarte llevar por la corriente. Es muy fácil dejarse llevar. Ya sea por familiares, amigos o compañeros de trabajo, siendo innumerables las ocasiones en las que se acaba haciendo lo que se supone que debemos hacer. Porque así nos lo han dicho o simplemente porque creemos que así debe ser.

12. Focalización. Poder dirigir tu interés y tus esfuerzos hacia una dirección concreta o una tarea determinada con un grado de realización excelente. En pocas palabras, eres mucho más bueno en cualquier tarea si estás concentrado en ella porque maximizas tus capacidades.

Autoconcepto

El autoconcepto se refiere a la percepción y evaluación que una persona tiene de sí misma. Incluye creencias, percepciones y evaluaciones sobre aspectos como habilidades, apariencia física, personalidad, logros y roles sociales. Es una construcción mental que se va desarrollando a lo largo de la vida a través de las experiencias personales, interacciones sociales y la retroalimentación recibida.

Es la comparación subjetiva que hacemos de nosotros mismos frente a los demás.

Es el conjunto de percepciones, ideas u opiniones que una persona tiene sobre distintas áreas de su persona: su físico, su personalidad, sus capacidades, sus habilidades sociales, etc.

Es la representación mental en el presente, aquella que construimos sobre nosotros mismos en base a nuestra forma de interpretar el mundo que nos rodea y nuestros filtros.

La valoración de la imagen que hacemos de niños sobre nosotros, depende de cómo percibimos la forma en la que nuestros padres nos ven (primer modelo de referencia que potencia la construcción de nuestra identidad) así como otras figuras de referencia afectiva (familiares directos, profesorado, vecinos...), sin duda la familia es el lugar principal de vinculación y aceptación de uno mismo, dónde nos sentimos queridos y aceptados.

Y si crecemos sintiéndonos seguros y queridos, hay mayor posibilidad de desarrollar un autoconcepto e identidad más real y positivo.

Si en nuestras vivencias tempranas sentimos que no hemos podido tener una figura de referencia sana, si hemos carecido de ese acompañamiento emocional y por ello nos han hecho sentir inseguros en la relación con los demás, si no se validan nuestras emociones y hemos recibido mensajes negativos sobre nuestro físico, cualidades, capacidades, pensamientos y forma de actuar (ya sea desde el entorno familiar o escolar), todo esto se acaba instalando en nuestro cerebro como una semilla que brota y crece fomentando así ese autoconcepto y autoimagen negativos.

La importancia de tener un buen autoconcepto radica en su influencia directa en la autoestima. El autoconcepto positivo se relaciona con una percepción más saludable de uno mismo, mientras que un autoconcepto negativo puede contribuir a la baja autoestima.

Un buen autoconcepto es importante para reconocer y valorar las propias habilidades, logros y cualidades positivas, así como aceptar y aprender de las áreas de mejora. Lograr un buen autoconcepto puede llevar tiempo y esfuerzo, pero algunos consejos prácticos incluyen:

Es importante cuestionarnos cuáles son nuestros valores reales, intentando apartar en la manera de lo posible la influencia de los demás y de la sociedad. A su vez, es fundamental empezar a no pedir la opinión a los demás, intentar no compararnos e iniciar pequeños proyectos personales. Tomarse el tiempo para reflexionar sobre las propias fortalezas, debilidades, valores y metas es fundamental para desarrollar un autoconcepto realista y equilibrado.

Un autoconcepto positivo nos lleva a tener una imagen equilibrada y realista de uno mismo.

Esto requiere reconocer tanto las fortalezas como las áreas de mejora, aceptar las imperfecciones y aceptar la individualidad. Las personas con un autoconcepto saludable tienden a sentirse más seguras, resilientes y capaces de enfrentar desafíos con una actitud positiva.

Por otro lado, un autoconcepto negativo puede surgir cuando una persona se percibe de manera desfavorable, se compara constantemente con los demás de manera poco saludable o internaliza críticas y expectativas externas negativas. Este tipo de autoconcepto puede contribuir a la ansiedad, la depresión y la baja autoestima.

Desarrollar un autoconcepto saludable es fundamental para el bienestar psicológico y la calidad de vida. Se construye a lo largo de la vida a través de la interacción con el entorno, las relaciones interpersonales y las experiencias personales.

Desde la infancia hasta la edad adulta, las percepciones de uno mismo se ven moldeadas por el feedback recibido de padres, maestros, amigos y la sociedad en general. Las comparaciones sociales, los logros personales, las relaciones afectivas y las experiencias académicas y laborales también desempeñan un papel crucial en la formación del autoconcepto.

Como construir un buen autoconcepto...

1. Tomar conciencia de cómo nos vemos y cómo nos sentimos. ¿Nos gusta nuestra imagen?, ¿Cuáles son nuestras cualidades?, ¿Nos valoramos positivamente y nos validamos? Aceptar las imperfecciones y aspectos menos positivos de uno mismo es clave para construir un autoconcepto saludable. Nadie es perfecto, y la aceptación propia contribuye a la autoestima.
2. Identificar, desarrollar y celebrar las habilidades y talentos personales refuerza el sentido de valía y contribuye a un autoconcepto positivo.
3. Establecer metas realistas y trabajar hacia su consecución proporciona un sentido de logro que impacta positivamente el autoconcepto.
4. Priorizar el autocuidado, tanto a nivel físico como emocional, contribuye a una percepción más positiva de uno mismo, ponle atención a tu imagen, báñate, péinate, ponte ese traje nuevo, no esperes una ocasión especial, la ocasión especial es hoy.
5. En ocasiones nos inundan pensamientos negativos de una forma automática imposible de frenar. Por ello resulta útil tratar de sustituirlos por pensamientos constructivos que nos ayuden a seguir adelante y enfocar el futuro con optimismo.

6. Analizar los obstáculos que nos impiden llegar a nuestros objetivos es fundamental para avanzar. Estos obstáculos pueden ser relaciones o emociones negativas, pero frecuentemente provienen de nosotros mismos. El perfeccionismo, la impaciencia, la tolerancia a la incertidumbre no ayudan a sentirse bien con uno mismo.

7. Trabajar en relaciones positivas y de apoyo puede influir en la forma en que nos percibimos. La retroalimentación constructiva y el apoyo social son elementos clave. Mejorar las habilidades sociales puede ser beneficioso. Esto nos ayuda a conocer y expresar nuestros propios sentimientos, así como conocer los de los demás, y a ser capaces de enfrentarnos y de decir no a los demás cuando sea necesario. La asertividad es una herramienta muy útil para expresar lo que pensamos respetando a los demás.

8. Compararse constantemente con los demás puede conducir a un autoconcepto negativo. En lugar de ello, enfócate en el propio progreso y crecimiento personal, no mires a los lados, tu ruta está hacia adelante.

Autoestima

La autoestima se refiere al amor, valor y respeto que una persona tiene hacia sí misma. Es una evaluación subjetiva y emocional de la valía personal basada en la percepción de logros, habilidades, apariencia física, y la capacidad de enfrentar desafíos.

Tener una autoestima sana es tener una imagen positiva y equilibrada de uno mismo, lo que influye directamente en la forma en que nos relacionamos con los demás, enfrentamos desafíos y gestionamos el estrés.

¿Qué haces por las personas que amas?, las cuidas ¿verdad?, pongamos el ejemplo de los hijos, me imagino que no permites que fumen o tomen alcohol, los haces dormir temprano, los alimentas saludablemente, fomentas el deporte en sus vidas, los tratas con cariño, tus palabras siempre son suaves y amorosas, crees en ellos y en sus proyectos, celebras sus logros por pequeños que parezcan; esto y muchas cosas más son tus demostraciones de amor hacia ellos, eso es exactamente lo que debemos hacer en nuestra vida para demostrarnos que verdaderamente nos amamos. Amar es cuidado.

La importancia de tener una autoestima sana radica en su impacto integral en la calidad de vida. Una autoestima positiva está asociada con una mayor resistencia al estrés, mayor capacidad para enfrentar desafíos, relaciones interpersonales más honestas y una sensación general de bienestar emocional.

Es el juicio subjetivo de nuestro aprecio, competencia y valía como individuo. La autoestima influye en la forma en que las personas se perciben, interactúan con el mundo y afrontan los desafíos de la vida. Desarrollar y mantener una autoestima saludable es esencial para el bienestar general y la construcción de una vida plena.

La autoestima se forma a lo largo de la vida a través de la interacción con el entorno, las experiencias personales y las relaciones interpersonales. Las percepciones de uno mismo se ven moldeadas por el feedback recibido de padres, maestros, amigos y otros en la vida de una persona.

Logros personales, relaciones afectivas y experiencias de vida también contribuyen a la construcción de la autoestima.

Una autoestima saludable es una valoración positiva de uno mismo, el reconocimiento de las propias capacidades y la aceptación de las imperfecciones. Las personas con una autoestima robusta tienden a sentirse más seguras, capaces de enfrentar desafíos, y son más propensas a establecer relaciones que les suman y perseguir metas personales y profesionales.

Por otro lado, cuando no tenemos amor propio, este se manifiesta en una percepción negativa de uno mismo, dudas constantes sobre las propias habilidades y una sensación persistente de no ser lo suficientemente valioso. Esta falta de confianza en uno mismo puede contribuir a la ansiedad, la depresión y la tendencia a establecer relaciones poco enriquecedoras.

Crear una autoestima sana, conlleva la práctica de la aceptación, el establecimiento de límites y el reconocimiento y celebración de logros personales, por pequeños que sean. La comunicación positiva interna, el desarrollo de habilidades personales y la aceptación de las propias limitaciones son aspectos clave en el fortalecimiento de la autoestima.

La autoestima también está conectada con la autenticidad y la coherencia en la vida diaria. Vivir de acuerdo con los propios valores y aspiraciones contribuye a una sensación de integridad y refuerza la autoestima. Busca apoyo en momentos difíciles, a través de relaciones que nos brinden solidaridad y comprensión.

Siempre ten presente que vales y vales mucho, eres un ser único, lleno de posibilidades, no permitas que tu mente te juegue una mala pasada haciéndote creer que no tienes la grandiosidad que habita en ti y mucho menos permitas que otro no aquilate tu verdadero valor.

Para lograr y mantener una autoestima sana, esto debes hacer...

1. Amar todas las partes de uno mismo, incluidas las imperfecciones, es fundamental para construir una autoestima sana. Nadie es perfecto, y la aceptación propia es esencial.
2. Tratarse con amabilidad y compasión en momentos de dificultad o fracaso en lugar de ser autoexigente y crítico contribuye a una autoestima más saludable.
3. No tomes nada personal. Ten en cuenta que muchas personas no saben formular las críticas, por el contrario, atacan y juzgan, la clave está en cómo vamos a reaccionar ante ello. Tenemos que entender que la persona que verbaliza una crítica no tiene un conflicto personal con nosotros, generalmente lo tienen con ellos mismos.
4. Establecer expectativas realistas y alineadas con los propios valores y metas es esencial. Evitar comparaciones excesivas con los demás ayuda a mantener una perspectiva realista.
5. No te compares, generalmente idealizamos a los otros y esto resulta muy perjudicial dado que todos tenemos defectos y fortalezas. Todos nosotros tenemos áreas potentes y otras que se nos dan peor. Sin embargo, todos somos únicos.

6. Calibra tu nivel de exigencia, si somos personas excesivamente autoexigentes y perfeccionistas va a ser perjudicial ya que va a llevarte a considerar que todo lo haces de forma inadecuada. Esta actitud va a afectar de forma directa a tu autoestima.

7. No esperes la aprobación de los otros, es habitual que las personas con baja autoestima tiendan a focalizar su atención en los juicios que realizan sobre él. Sin embargo, es fundamental que prestes atención a tus objetivos personales sin importante el juicio y/o opinión de los demás.

Enfocarte en tu crecimiento personal va a ayudarte a tener una autoestima más saludable.

8. Celebrar logros. Reconocer y celebrar los logros, incluso los pequeños, refuerza la autoestima y proporciona una sensación de logro.

9. Identificar y desarrollar habilidades y talentos personales refuerza la confianza en uno mismo y contribuye a una autoestima positiva. Estoy segura que tienes dones escondidos, ¡descúbrelos!

10. Priorizar el autocuidado, incluyendo la alimentación saludable, el ejercicio regular y el descanso adecuado, contribuye a una sensación general de bienestar que sacude positivamente la autoestima.

La mejor forma de demostrar tu amor propio, es cuidar de tu cuerpo, tu mente y tu espíritu.

11. Háblate bonito, no te maltrates, desde que abrimos los ojos estamos en constante dialogo con nosotros mismos, por favor que ese dialogo sea sin ofensas, sin palabras feas; todo lo contrario, aprende a hablarte con cariño, exalta tus cualidades, date porras, celébrate.

Soledad

La soledad, esa experiencia humana universal, va más allá de la ausencia física de compañía. Es una compleja y multifacética emoción que puede surgir incluso en medio de multitudes. La soledad se manifiesta cuando hay una desconexión emocional y una sensación de aislamiento, creando un vacío que trasciende la presencia física de otras personas.

La soledad puede ser temporal o persistente, y su afectación varía según la duración y la intensidad. Mientras que algunos momentos de soledad pueden ser reconfortantes y necesarios para la reflexión, la soledad crónica puede tener efectos negativos y contraproducentes.

Las causas de la soledad son diversas y pueden incluir cambios en las relaciones sociales, eventos de vida estresantes, mudanzas, la pérdida de seres queridos o la falta de conexión emocional. La tecnología, a pesar de mantenernos interconectados virtualmente, a veces contribuye a una sensación de aislamiento emocional al reemplazar las interacciones cara a cara con la superficialidad de las conexiones en línea.

La percepción subjetiva de no ser comprendido, aceptado o conectado con los demás, también es soledad. Puede afectar a personas de todas las edades y etapas de la vida, independientemente de su entorno social aparente.

La gestión de la soledad conlleva tanto cambios externos como internos.

Buscar activamente la conexión social, participar en actividades que nutran las relaciones y fomentar la apertura emocional son estrategias externas que pueden ayudar a aliviar la soledad. Internamente, trabajar en la auto aceptación y la autocompasión, puede fortalecer la capacidad de enfrentar y superar la soledad.

Es importante enfatizar que la soledad no siempre es negativa. Puede ser un espacio propicio para el autoconocimiento, la creatividad y el crecimiento personal. Aprender a disfrutar de la propia compañía y encontrar significado en la vida individual también son aspectos importantes en el manejo saludable de la soledad.

Sentirse solo en sí no es un problema de salud mental, pero ambos están fuertemente vinculados. A menudo, tener un problema de salud, física o mental puede aumentar tus posibilidades de sentirte o querer estar solo.

Saber estar solo es una habilidad valiosa que no solo es tolerar la ausencia de compañía, sino también disfrutar de la propia compañía y encontrar satisfacción en actividades individuales. La capacidad de estar solo puede ser un componente importante del bienestar emocional y contribuir positivamente en facetas que desconocíamos y que pueden aparecer en medio de la soledad.

La soledad elegida puede proporcionar momentos de reflexión, autodescubrimiento y renovación personal. Es un tiempo para conectar consigo mismo, entender las propias necesidades y metas, y cultivar un sentido de autonomía. Sin embargo, la soledad no deseada puede tener efectos negativos, como la ansiedad, la depresión y la sensación de aislamiento.

Estos son algunos tipos de soledad:

Soledad Emocional: Ocurre cuando una persona siente una falta de conexión emocional y afectiva con los demás, incluso estando en presencia física de otras personas. Puede surgir debido a relaciones superficiales, falta de comprensión emocional o dificultades para expresar y recibir afecto.

Soledad Social: Se experimenta cuando hay una ausencia de interacción social significativa y relaciones personales. Puede surgir debido a factores como el aislamiento social, la falta de amigos cercanos o la pérdida de relaciones relevantes.

Soledad Situacional: Ocurre en respuesta a situaciones específicas de la vida, como mudanzas, pérdidas, jubilación o cambios en el entorno laboral. Es temporal y puede mejorar con el tiempo a medida que la persona se adapta a nuevas circunstancias o establece nuevas conexiones.

Soledad Crónica: Es una forma persistente de soledad que se experimenta durante un período prolongado. Puede ser el resultado de patrones de relación negativos, dificultades para establecer conexiones o condiciones de vida que limitan las interacciones sociales.

Soledad Existencial: Se refiere a la sensación de desconexión más profunda y filosófica con la existencia y el propósito de la vida. Puede surgir en momentos de reflexión sobre el significado de la vida, la mortalidad y la búsqueda de un propósito más profundo.

Soledad Voluntaria: Ocurre cuando una persona elige estar sola y disfruta de su propia compañía. Puede ser una elección consciente para la autoexploración, la recarga personal o la búsqueda de momentos de tranquilidad.

Soledad Interpersonal: Abarca la falta de relaciones cercanas y satisfactorias con los demás. Puede deberse a dificultades en la construcción de relaciones, problemas de confianza o patrones de comportamiento que dificultan la conexión con los demás.

Es importante reconocer que la soledad puede ser subjetiva y variar según las experiencias y percepciones individuales. Además, una persona puede experimentar diferentes tipos de soledad en distintos momentos de su vida.

Qué hacer si te sientes solo...

1. Aceptar que la soledad es una experiencia humana común puede ayudar a reducir el estigma asociado. Todos la sentimos en algún momento.
2. Recuerda que Internet es una buena herramienta para combatir la soledad. Gracias a la red puedes llegar a sentirte acompañado. Eso sí, debes de entender que esta compañía no debe suplir de forma completa la compañía real. A muchas personas esto les es de gran ayuda mientras que para otras les puede aislar aún más. Por ello, debes emplear esta herramienta con cautela y teniendo en cuenta que esos contactos virtuales no deben formar la mayor parte de tu día
3. Para combatir la soledad es importante llorar si lo necesitas. Comprende que expresar tus emociones es algo normal y necesario, por ejemplo, para combatir la soledad de pareja. Llora sin miedo, pero con límite, llorar te va a liberar.
4. Intenta ir llenando tu día a día de actividades, aunque al principio no te sientas con la energía y motivación para ello. No es necesario que sean grandes cosas. Especialmente al principio, puedes empezar con pequeñas actividades como dar un paseo de 15 minutos, leer, hacer un puzzle o empezar

a hacer un ejercicio suave durante media hora. Trata de no quedarte quieto.

5. Al vernos un poco solos es bastante habitual aislarnos aún más. No lo hagas. Aunque en un primer momento no te apetezca, oblígate a salir con amigos o a hacer planes familiares. Sobre todo, mantente cercano a los tuyos y llénate los días de buenos momentos.

Buscar oportunidades para conectarse con otros, ya sea a través de amistades, familiares o comunidades afines, puede aliviar la sensación de soledad. Sé que no es fácil, pero inténtalo.

6. Aprovechar el tiempo en soledad para explorar pasatiempos, actividades o intereses personales puede ser gratificante y enriquecedor. Puede ser el momento ideal para iniciar aquel proyecto que tanto querías.

7. Desarrollar la capacidad de disfrutar de la propia compañía y realizar actividades independientes fomenta la autonomía emocional.

Ahora sí, no hay disculpa, tienes el tiempo y el espacio suficiente para leerte aquel libro.

8. Utilizar la soledad como una oportunidad para el crecimiento personal, la reflexión y el autodescubrimiento puede cambiar la percepción de esta experiencia.

Escucha podcasts con buen contenido, refuerza tus conocimientos en el área de quieras, no pares de aprender.

9. Explorar comunidades en línea o redes sociales que compartan intereses similares puede ser una forma de conectarse con otros, incluso cuando se está físicamente solo.

10. Participar en actividades sociales o voluntariado proporciona oportunidades para conocer personas nuevas y contribuir a un sentido de pertenencia.

Hay otros que necesitan de ti, de tu presencia, tu compañía y tu trabajo.

Comunicación

La comunicación es un componente fundamental de la experiencia humana, ya que establece el puente que conecta a las personas, permitiéndoles compartir pensamientos, emociones e ideas. En el ámbito de la psicología, el estudio de la comunicación desentraña las complejidades de cómo nos expresamos y cómo interpretamos las expresiones de los demás. En primer lugar, es esencial reconocer que la comunicación no se limita al lenguaje verbal, también incluye expresiones faciales, gestos, posturas corporales y tonos de voz. Todos estos elementos trabajan en conjunto para transmitir información y revelan aspectos más profundos de nuestras emociones y estados mentales.

La calidad de la comunicación marca directamente las relaciones interpersonales. Una comunicación efectiva se basa en la escucha activa, la empatía y la comprensión mutua. La habilidad para expresar claramente nuestras ideas y sentimientos, así como interpretar adecuadamente las señales de los demás, nos hace vivir de manera transparente.

Sin embargo, la comunicación puede convertirse en un terreno fértil para malentendidos y conflictos si no se aborda con sensibilidad y conciencia. Los sesgos, prejuicios y experiencias pasadas influyen en la interpretación de los mensajes, lo que puede distorsionar la comprensión y llevar a malentendidos.

La comunicación efectiva también requiere autoconocimiento. Ser conscientes de nuestras propias emociones, motivaciones y patrones de comunicación nos permite ser más claros y auténticos en nuestras interacciones. La autoevaluación constante nos ayuda a identificar y visibilizar posibles barreras que podrían obstaculizar la comunicación. En el ámbito terapéutico, la comunicación se convierte en una herramienta poderosa para explorar las experiencias de los individuos. Los psicólogos utilizan habilidades de escucha activa, formulación de preguntas reflexivas y empatía para crear un espacio seguro donde los pacientes puedan expresar sus pensamientos y emociones más íntimos.

La comunicación es un aspecto central de la condición humana que influye en nuestra conexión con los demás y en nuestra comprensión de nosotros mismos. La mejora de nuestras habilidades de comunicación conlleva beneficios para nuestras relaciones y contribuye al bienestar emocional y psicológico.

La comunicación asertiva es un estilo de comunicación que nos permite expresar de manera clara y honesta las propias necesidades, deseos, opiniones y límites, al mismo tiempo que se respeta a los demás. Es una habilidad interpersonal esencial que contribuye a la calidad de las relaciones personales y profesionales.

La importancia de la comunicación asertiva en la vida radica en su capacidad para establecer límites, fomentar la comprensión mutua y construir relaciones basadas en la honestidad y el respeto. La comunicación asertiva promueve la autoexpresión sin agresividad ni sumisión, permitiendo que las personas se relacionen de manera más auténtica y satisfactoria.

Consejos prácticos...

1. Comunícate de manera clara y directa, evitando rodeos o vaguedades, esto facilita la comprensión y reduce malentendidos.

2. Uso de "Yo" en Lugar de "Tú": Al expresar opiniones o sentimientos, utilizar "yo" en lugar de "tú" ayuda a evitar acusaciones y a centrarse en la propia experiencia. «Yo pienso que... / yo siento que... / me gustaría que...» son algunas maneras de formularlos. Con ellos se evita hacer juicios de valor acerca de la otra persona (al hablar desde mí y no de ti). Se eliminan los reproches al no hacer «culpables» a los demás. No generan rechazo y evitan que el otro se ponga "a la defensiva". En una discusión, ayudan a centrarse en el problema en cuestión y su solución (respetando a las personas). Un ejemplo sería cambiar "Por qué no me llamaste" por «me preocupo cuando no me llamas y llegas a casa muy tarde...»

3. Presta atención a lo que los demás están diciendo, sin interrumpir, demuestra respeto y mejora la comprensión mutua.

4. Aprende a ser claro acerca de los propios límites y aprender a decir "no" de manera respetuosa.

5. Acepta la crítica de manera abierta y considérala como una oportunidad de crecimiento personal es parte de la comunicación asertiva.

6. Asegúrate de que el lenguaje corporal y los tonos de voz estén alineados con el mensaje verbal que quieres comunicar.
7. La pasividad y la agresividad son extremos que pueden impedir una comunicación efectiva. La asertividad encuentra el equilibrio entre ambas.
8. Entender las perspectivas y sentimientos de los demás ayuda a construir conexiones más fuertes y a resolver conflictos de manera más efectiva.
9. En situaciones emocionales, tomarse un momento para pensar antes de responder ayuda a evitar respuestas impulsivas.
10. En situaciones problemáticas, colabora para encontrar soluciones mutuamente beneficiosas esto promueve el entendimiento.

Perdón

El perdón en sí mismo es uno de los procesos emocionales más complejos que existen, debido al hecho de que desencadena emociones y sentimientos de una manera muy intensa, como la ira, el resentimiento y la tristeza. El perdón es un proceso emocional y psicológico que nos libera de sentimientos de rencor, enojo o resentimiento hacia otra persona o hacia uno mismo. No se trata de justificar las acciones que causaron daño, sino de liberarse del peso emocional asociado con esas experiencias.

La importancia del perdón en la vida radica en su capacidad para liberar a las personas del peso emocional negativo y permitirles seguir adelante. Mantener el resentimiento puede afectar negativamente la calidad de vida, generando estrés, ansiedad y resentimiento. El perdón ofrece la oportunidad de sanar heridas emocionales y poder continuar sin peso en los hombros, ni el corazón endurecido.

Al liberarse de cargas emocionales negativas, las personas pueden experimentar una mejora en la salud emocional, mayor satisfacción con la vida y reducción del estrés y la ansiedad. El perdón también puede promover la empatía y la capacidad de manejar conflictos de manera constructiva.

La noción de perdonar ha sido frecuentemente asociada con la sanación emocional, y aunque el perdón puede ser un camino valioso hacia la curación, es esencial reconocer que no es una obligación.

La clave reside en centrarnos en nuestra propia sanación, construyendo una conexión más profunda con nosotros mismos antes de considerar el perdón como un paso necesario. En el proceso de sanación personal, debemos explorar las heridas emocionales, comprender las fuentes de nuestro dolor y desarrollar estrategias para enfrentar y superar esos desafíos. Este viaje es íntimamente personal y puede requerir tiempo, reflexión y autocompasión. Enfocarnos en nuestra sanación nos permite reconocer y validar nuestras emociones, incluso aquellas difíciles de manejar, como la ira, el dolor y el resentimiento. Al confrontar estas emociones de manera saludable, damos paso a la posibilidad de liberar su carga emocional y avanzar hacia la aceptación y la paz interior.

Aunque el perdón puede ser un componente resaltable de la sanación, es crucial liberarnos de la presión de sentirnos obligados a perdonar. No todos los procesos de sanación requieren el mismo camino, y algunos individuos encuentran que centrarse en el autocuidado y la auto comprensión es suficiente para alcanzar la paz interior.

Aplica esto....

1. Nunca podemos solucionar aquello que negamos, ni aquello que no comprendemos. Por lo que el primer paso es reconocer que hay algo que no anda bien. A veces lo más fácil es culpar a los demás, pero desde ahí nada cambiará. Por eso, tenemos que examinar nuestras relaciones de pareja, familiares o de amistad. Cuando reconocemos un problema podemos comenzar a resolverlo.

2. Puede ser que te hayan herido, tal vez, se ha fracturado la confianza que tenías en alguien o te has visto involucrado en alguna situación que ha causado dolor a alguien más sin quererlo. El dolor no es el mismo para cada una de estas situaciones. Por ello, es muy importante identificar de dónde viene para saber qué hacer con él y entender por qué nos sentimos de cierta forma. Esto, además, nos ayudará a trabajar en estos aspectos de nuestra personalidad, conocer nuestros puntos débiles y nuestras fortalezas es aprender a conocernos mejor a nosotros mismos.

3. Si el perdón exige establecer límites en la relación con la otra persona, es importante comunicarlos de manera clara y firme.

4. Aunque el perdón puede estar relacionado con eventos pasados, centrarse en el presente y en la posibilidad de construir un futuro más positivo es esencial.

Como seres humanos que somos, debemos comprender que todos nosotros somos vulnerables, que todos podemos ser débiles. Perdonar es la convicción de que, en cada ser humano, detrás de cualquier error, existe una persona vulnerable con la capacidad de cambiar.

5. Intentar ver las experiencias desde la perspectiva de la otra persona fomenta la empatía y puede facilitar el proceso de perdón, se requiere ser muy generoso para perdonar.

6. Aprender a perdonar conlleva el ser humilde. No busques ser superior moralmente que aquel que te ha herido, no humilles, no juzgues; si has decidido perdonar, evita los reproches, puesto que estos solo mostrarán la imposibilidad de perdonar.

7. El resentimiento da lugar a la necesidad de venganza, y la venganza causa que las heridas que nos han hecho, se mantengan abiertas, es beber el propio veneno. No entres en ese círculo vicioso, tus heridas no sanarán si dejas que el resentimiento te gobierne.

8. No podemos perdonar, si concebimos a la persona que nos ha dañado únicamente por esa acción.

Las personas somos más que nuestros errores y todos los seres humanos somos más grandes que nuestras culpas. Por ello, para perdonar es necesario poder ver al otro en su totalidad como ser humano.

9. En el caso de perdonarse a uno mismo, reconocer y aceptar la responsabilidad por las propias acciones es un paso clave hacia el perdón. Equivocarse es una condición natural de las personas y absolutamente necesaria para evolucionar como seres humanos. Permítete a ti mismo equivocarte y concibe la idea de que tus errores te permitirán aprender de ellos y así podrás mejorar.

- Abandona el auto-resentimiento, ese enojo contigo mismo, frente al error que has cometido.

- Practica la auto-compasión en el sentido positivo (no lástima), vive el amor hacia ti mismo.
- Reconoce que tienes debilidades, pero también fortalezas; que la vida tiene matices y no todo es sólo bueno o malo.
- Asume que el fracaso y el error no te hacen mala persona.
- No temas volver a comenzar y reparar el daño, que seguramente fue un daño hacia ti misma, hacia ti mismo.
- Aprende de tus errores y sé consciente de que merece la pena rectificar luego del error que cometiste.
- Reconcíliate aceptándote tal como eres, reivindicando tu autoestima.
- Ahora es tiempo de soltar y dejar ir el pasado. Evita volver tus pensamientos hacia el momento del error.

10. Una estrategia útil es escribir una carta de perdón en la que intentas comprender por qué el otro pudo haber hecho lo que hizo, ponerte en su lugar. Escribir es liberador y te ayuda a aclarar las ideas.

11. Identificar lecciones y aprendizajes de la experiencia puede transformar el proceso de perdón en una oportunidad de crecimiento personal.

12. El perdón no siempre ocurre de inmediato. Dar tiempo al proceso, permitiendo que las emociones se asienten y evolucionen, es fundamental.

Sanar

La sanación es un proceso integral que requiere la restauración y el equilibrio de la salud en todos sus aspectos: físico, emocional, mental y espiritual.

No se limita únicamente a la recuperación de una enfermedad física, sino que también aborda el bienestar emocional, la armonía mental y la conexión espiritual. Es un viaje personal que puede involucrar la superación de traumas, la gestión de emociones difíciles y la búsqueda de un estado de equilibrio y plenitud.

La sanación no solo se centra en la eliminación de síntomas físicos, sino que también aborda las raíces emocionales y mentales de los desafíos de salud. Este proceso integral puede resultar en una mayor capacidad de recuperación, una relación más profunda consigo mismo y una mejora general en el bienestar.

Una de las razones por las que la aceptación puede ser tan importante es que es muy difícil hacer algo constructivo sobre algo cuando simplemente no lo aceptamos. Un grado de aceptación puede ser un requisito importante para un compromiso real y para que ocurra el cambio.

La aceptación no significa resignarse. Aceptar la realidad implica que podamos percibir todos los matices que nos rodean.

De esta forma, si niego algo, no puedo transformarlo, porque no me hago consciente. Cuando acepto, la queja la dejo a un lado. La resignación y su significado psicológico implica la queja y cerrar la puerta al cambio. Por su parte, la aceptación requiere observación y comprensión de lo que ocurre. Acepto una situación, independientemente de que me guste o no. Porque no tiene sentido negar lo que es, lo que existe. La realidad de este momento no la puedo negar.

Las heridas emocionales dejan cicatrices que evidencian en la actitud y la personalidad de quien las padece. Esto sucede, principalmente, cuando dejamos pasar nuestros problemas pensando que se resolverán solos, con el tiempo.

Cuando un acontecimiento nos genera una emoción intensa de dolor, rabia, tristeza, miedo, u otra, y no lo resolvemos adecuadamente, nos causa heridas emocionales que tardan más en curarse que las heridas físicas.

Es normal sentir emociones negativas, el problema está cuando no somos capaces de resolver la situación y el dolor se fija en nuestro interior. Esto, con el paso del tiempo, acaba causando una herida emocional.

Dicen que el tiempo lo cura; pero, a veces, con el paso del tiempo sentir emociones negativas cae dentro de la 'normalidad', es ahí cuando surge el problema. Empieza porque no somos capaces de resolver la situación y el dolor que genera.

Es muy importante controlar las emociones, para que no acaben controlándonos en determinada situación, impidiéndonos ser objetivos y racionales. Algunas nos sumen en la tristeza o la rabia. Nos creemos incapaces de aceptar y afrontar la situación y cada vez que la recordamos aparecen de nuevo el resentimiento y los problemas de autoestima.

Muchas personas se centran en el presente y dejan el pasado atrás para no sufrir, olvidando que somos lo que somos gracias a los momentos vividos (buenos y malos), a quienes nos ayudaron o hirieron, a los caminos que hemos seguido y los que dejamos de recorrer.

Las experiencias dolorosas que se desarrollan a lo largo de nuestra vida conforman las heridas emocionales. Tenemos que ser conscientes de que las tenemos y no ocultarlas, porque cuanto más tiempo se espere en sanarlas se irá deteriorando el estado emocional, generándose dentro de uno mismo: agresividad, ira, desconfianza, culpabilidad, venganzas sin fin, odio, rencor, soledad, aislamiento...

Ahora mira que vas a hacer...

1. Tomarse el tiempo para reflexionar sobre las propias experiencias, emociones y necesidades es fundamental para iniciar el proceso de sanación. El primer paso para sanar las heridas emocionales es reconocer su existencia. Esto engloba el ser conscientes de las experiencias dolorosas que hemos atravesado y comprender cómo han dejado una huella en nuestra vida actual.
2. Puede ser útil explorar nuestros sentimientos, recuerdos y patrones de pensamiento para identificar las heridas emocionales que necesitan ser sanadas.
3. Sé compasivo contigo mismo, la autocompasión connota tratarse con amabilidad y comprensión, reconociendo que todos enfrentamos desafíos y errores.
4. El arte, la escritura y otras formas de expresión creativa pueden ser poderosos mecanismos para explorar y liberar emociones reprimidas.
5. La conexión con la naturaleza puede tener un efecto positivo en el bienestar emocional y proporcionar un espacio para la reflexión y la calma.
6. Practicar la atención plena y la meditación puede ayudar a centrarse en el momento presente, reducir el estrés y promover la claridad mental. A medida que avanzamos en el proceso de sanación, es importante recordar que vivir en el presente es esencial para sanar las heridas emocionales. Las heridas pasadas nos mantienen atrapados en un ciclo de dolor y rumiación, impidiéndonos disfrutar plenamente del presente. Al practicar la atención plena y la consciencia del momento presente, podemos liberarnos del pasado y encontrar paz y serenidad en el aquí y ahora.

7. Acepta, la aceptación es el camino más rápido para dejar de sufrir. Muchas veces no podemos seguir con nuestra vida porque no somos capaces de dejarnos llevar. Lo queremos controlar todo y le damos mil vueltas a un mismo tema. Esto nos provoca estrés y ansiedad. Lo mejor que podemos hacer es dejarnos llevar, dejar que las cosas fluyan y sigan su curso natural. Sin intentar controlar nuestro futuro o cambiar el pasado. Pues está fuera de nuestro alcance.

8. Perdonar a los demás y a uno mismo es parte del proceso de sanación, liberando resentimientos y promoviendo la paz interior.

9. La vida nos plantea aprendizajes con frecuencia. Pese al dolor y a que en algún momento puedas sentir que una determinada experiencia solo trajo cosas negativas a tu vida, todas las experiencias pueden aportar positivamente a tu vida. Encuentra un aprendizaje en cada experiencia.

10. No es el tiempo el que lo cura todo, pero si las cosas que haces mientras el tiempo pasa, son las que te llevarán a superar cualquier situación, no te detengas solo pensando en el suceso, toma acción, continua y sigue adelante.

11. Deja atrás el pasado. Siempre hay que aprender del pasado porque es nuestro gran maestro, pero no vivas tu presente con tu pasado sentado en tu mesa, porque estarás añadiendo una enorme y pesada carga a tu vida.

12. Somos seres emocionales. Rechazar el dolor no es humano. Si no se acepta el dolor, éste se transforma en sufrimiento. Hay que reconocer las emociones y que hay algo que duele. Reconociendo esto, se empiezan a dar pasos que permiten sentirnos mejor a pesar del dolor.

13. No te juzgues cuando tengas un pensamiento negativo o una emoción dolorosa. Simplemente, cuando te des cuenta de que estás teniendo un pensamiento negativo, deja que pase, y enfócate en otros pensamientos alternativos.

Y en cuanto a las emociones dolorosas, permítete sentirlas, y pregúntate: "¿qué puedo hacer para sentirme mejor aun teniendo esta emoción tan dolorosa?"

Apegos

El apego es un concepto fundamental en la psicología que se refiere a los vínculos emocionales y afectivos que se desarrollan entre las personas, especialmente en las relaciones cercanas. La teoría del apego, desarrollada por John Bowlby y Mary Ainsworth, describe cómo los primeros vínculos afectivos entre los cuidadores y los niños influyen en el desarrollo emocional y social a lo largo de la vida.

El apego se forma durante los primeros años de vida y se basa en las interacciones entre el niño y sus cuidadores. Este vínculo emocional no solo satisface sus necesidades básicas, como alimentación y protección, sino que cumple un papel crucial en su desarrollo psicosocial. Un apego seguro proporciona una base sólida para explorar el mundo y regular las emociones.

Los apegos son los "hilos", los lazos emocionales que establecemos con las personas más cercanas de nuestra vida, aquellas con las que compartimos sentimientos de pertenencia y seguridad. Estos "hilos" son parte de nuestro "tejido" emocional. Desde edades muy tempranas, el modo en el que se crean los apegos serán muy importantes en nuestro desarrollo.

Si estos vínculos afectivos son adecuados, generarán seguridad y pertenencia, con otras personas y con nuestro entorno. Seremos más independientes, más autosuficientes y dispondremos de mayores recursos personales para afrontar las dificultades de la vida sin depender de los demás.

No se puede confundir el apego con el amor, ambos conceptos son completamente distintos, pero pueden llegar a confundirse. La dependencia emocional es un problema porque puede llegar a conducir a la anulación como persona. Es muy común que el "apegado" acabe dejando de lado su vida, renuncie a su manera de ser, a sus aficiones, a sus gustos o a su círculo de amistades para seguir al otro. Lo peor no es que lo haga, sino que ni siquiera sea consciente de que lo está haciendo. Justifica esa dependencia escudándose en el amor, en el enamoramiento, pero en el fondo es consciente de que no es feliz. Ha renunciado a todo para luchar por una relación que no le hace crecer.

Existen diferentes tipos de apego que se forman en la infancia y que pueden persistir en las relaciones adultas. Los principales tipos de apego, según la teoría de Bowlby y Ainsworth, son:

- **Apego Seguro**: Caracterizado por la confianza en la disponibilidad y respuesta de los cuidadores. Las personas con un apego seguro tienden a tener relaciones tranquilas y seguras.
- **Apego Ansioso-Preocupado**: Se manifiesta en la necesidad constante de validación y atención. Las personas con este tipo de apego pueden experimentar ansiedad en las relaciones y temer el abandono.
- **Apego Evitativo**: Se caracteriza por la tendencia a evitar la intimidad emocional y la dependencia. Las personas con apego evitativo pueden tener dificultades para establecer relaciones profundas.

- **Apego Desorganizado**: Se refiere a patrones de comportamiento contradictorios y confusos. Puede surgir en situaciones de trauma o abuso.

La importancia del apego no pasa por alto, ya que los patrones de apego influyen en la forma en que las personas interactúan en sus relaciones y manejan el estrés emocional. Un apego seguro suele estar asociado con una sensación de bienestar, mientras que los apegos inseguros pueden contribuir a problemas como la ansiedad, la depresión y dificultades en las relaciones interpersonales.

Como gestionarlos...

1. Identificar y comprender los patrones de apego propios es el primer paso para gestionarlos. La reflexión personal y, en algunos casos, las terapias pueden ayudar en este proceso. Nunca podemos solucionar aquello que negamos, ni aquello que no comprendemos. Por lo que el primer paso es reconocer que existe un problema. A veces lo más fácil es culpar a los demás, pero desde ahí nada cambiará. Por eso, tenemos que examinar nuestras relaciones de pareja, familiares o de amistad. Cuando reconocemos un problema podemos comenzar a resolverlo.
2. En las relaciones, la comunicación abierta y honesta sobre las necesidades y expectativas puede contribuir a construir apego seguro y superar apegos inseguros.
3. Reconocer y establecer límites en las relaciones ayuda a evitar patrones de apego que puedan ser perjudiciales.
4. Céntrate más en ti. Esto no quiere decir ser más egoísta, sino que te des cuenta de que lo realmente importante es lo que tú pienses sobre ti, y no las opiniones de los demás. Deja de estar pendiente de qué dirán o pensarán los demás, la opinión más importante es la que tienes sobre ti mismo.

5. A veces llegamos a pensar que nuestras emociones vienen de afuera, que todo lo que sentimos viene del exterior, pero en realidad nace de la interpretación y el significado que damos a las cosas que suceden en nuestra vida. Por eso, nadie más que nosotros mismos somos dueños y responsables de nuestras interpretaciones y, por tanto, de nuestras emociones. Es fácil adquirir el papel de víctima, de pensar que todo es culpa de los demás. Pero si quieres dejar de ser una persona con dependencia emocional, lo primero es asumir la responsabilidad de tus emociones y de tu vida, sabiendo que ésta no está en manos de los demás, sino en las tuyas propias.

6. Fomentar vínculos positivos con amigos, familiares y compañeros puede contrarrestar patrones de apego negativos y proporcionar un apoyo emocional positivo.

7. Reflexionar sobre experiencias pasadas puede ofrecer aprendizajes valiosos para no repetir patrones de apego dañinos.

8. El apego afectivo provoca que las personas carezcan de más objetivos que los planes conjuntos que comparten con la otra persona. Los proyectos en común son esenciales para dar sentido a una relación de pareja, pero también son necesarios los proyectos individuales. Pon en marcha un proyecto propio.

9. Invierte en tu desarrollo personal. Tu propio crecimiento personal es el factor fundamental para aumentar tu confianza, creer más en ti y mejorar tu autoestima, que es lo que marcará la diferencia. Cuando eso sucede, te sientes más merecedora como persona, menos vulnerable a las opiniones de los demás; te sentirás más libre, más fuerte y con menos dependencia emocional.

10. Céntrate más en ti. Esto no quiere decir ser egoísta, sino que te des cuenta de que lo realmente importante es lo que tú pienses sobre ti, y no las opiniones de los demás.

Deja de estar pendiente de qué dirán o pensarán los demás; la opinión más importante es la que tienes sobre ti. Para ello hay que reforzar la identidad personal y desarrollar una autoimagen valiosa que sea digna de ser respetado y amado.

Incertidumbre

La incertidumbre es una experiencia universal que puede generar una variedad de respuestas emocionales y afectar las personas de diversas maneras. Se refiere a la falta de certeza o predictibilidad en situaciones, ya sean relacionadas con el futuro, decisiones personales o eventos externos. Aunque cierto grado de incertidumbre es inherente a la vida, situaciones prolongadas o de incertidumbre pueden generar estrés, ansiedad y preocupación.

En contra de lo que muchas personas puedan pensar, preocuparse es algo normal en la especie humana y más aún cuando nos encontramos en situaciones de alarma, en las que las preocupaciones suelen aumentar su frecuencia, su intensidad y su duración. Por tanto, si estos días te estás preguntando cosas como ¿qué puede llegar a ocurrir?, ¿y si la situación se complica?, ¿y si me quedo sin trabajo y se ven afectados mis recursos económicos? Lejos de atribuir esos pensamientos molestos a un defecto en nuestro funcionamiento o a problemas psicológicos, debemos normalizar su aparición.

Las preocupaciones son pensamientos, por lo que no debemos darles el valor de un hecho o una predicción real.

Es importante reconocer que es una manifestación de la incertidumbre, una señal de que nos encontramos ante una situación excepcional.

Ante la incertidumbre sentimos la necesidad de cierre cognitivo, es decir, la necesidad de obtener respuestas ante nuestros interrogantes. Por ejemplo, preguntaremos sin descanso a los médicos que atienden, por lo que le sucede a nuestro familiar, por el diagnóstico y los tratamientos disponibles, buscaremos en internet, aunque los profesionales siempre nos recomiendan que no lo hagamos, y preguntaremos a nuestros conocidos que hayan estado en una situación similar. En general, cuanta más información tenemos sobre aquello que nos preocupa, más sensación de control tenemos sobre la situación.

La persona con intolerancia a la incertidumbre tiende a revisar constantemente que todo esté en perfectas condiciones y que no haya errores. Lo deja todo por escrito, lo repasa y no permite que nadie haga sus tareas. Se encarga de todo para tener el máximo control y para estar todo el tiempo ocupado.

A lo largo de los años, nos han convencido de que la incertidumbre es algo negativo, y por ello, luchamos a toda costa para eliminarla o evitarla, lo que nos lleva a frustración, desesperación y bloqueo, pues no podemos saberlo todo, ni controlarlo todo, ni tampoco existe un solo camino que esté libre de incertidumbre.

El estado natural y permanente del ser humano es la incertidumbre, que, aunque puede generar miedo, también puede tratarse de una fuente de libertad y de oportunidades. Se trata de un estado favorable en cuanto a que, si viviéramos en un mundo de absoluta certeza y seguridad, no dejaríamos de ser esclavos de nuestro propio destino.

¿Acaso leeríamos siempre libros de los que conocemos el final o nos emocionaría igual una fiesta sorpresa si ya estuviéramos avisados? Tampoco solemos querer saber el regalo que recibiremos por nuestro cumpleaños o el final de una película.

La incertidumbre puede desencadenar respuestas emocionales negativas debido a la falta de control percibido sobre las circunstancias. La ansiedad ante lo desconocido y la preocupación constante por posibles resultados pueden afectar la calidad del sueño, el estado de ánimo y la capacidad para enfrentar los desafíos diarios. Además, la incertidumbre prolongada puede contribuir al agotamiento emocional y la sensación de falta de estabilidad en la vida.

Aceptar la incertidumbre no significa que no debas tener un plan para algunas de las circunstancias imprevistas de la vida. Siempre es bueno tener algunos ahorros en caso de gastos inesperados, tener un equipo de preparación a mano si vives en un área con riesgo de terremotos o huracanes, o tener un plan de salud para ti o un ser querido. Pero ten en cuenta que no puedes prepararte para todos los escenarios posibles. La vida es simplemente demasiado aleatoria e impredecible.

Estas son las indicaciones....

1. Reconocer que no se puede controlar todo. La vida está llena de imprevistos e incógnitas. Ni siquiera es posible conocer el alcance de nuestros actos, pues no podemos controlar cómo pueden reaccionar otros al respecto.

2. Practicar la atención plena y centrarse en el presente puede ayudar a reducir la ansiedad relacionada con anticipaciones futuras.

De forma automática nos sale pensar en el pasado o adelantarnos al futuro para recuperar el control, sin embargo, lo único que funcionará será centrarnos en el presente y en lo que podemos hacer en este mismo instante por avanzar en la dirección que queremos.

3. Establecer metas alcanzables y trabajar hacia ellas proporciona una sensación de control y logro, contrarrestando la sensación de impotencia. A veces necesitamos hacer una reflexión objetiva para conseguir visualizar eso que sí podemos controlar o sobre lo que podemos actuar de aquello que es ajeno totalmente a nosotros.

Hacer este ejercicio nos ayudará a entender dónde están nuestros límites y ver sobre qué cosas no debemos preocuparnos, pues no podemos hacer nada.

4. Las emociones negativas forman parte de nosotros y de la vida y como tal debemos estar dispuestos a experimentarlas y aceptarlas. Esto no quiere decir que nos quedemos todo el día tirados en la cama y llorando, sino que aceptemos que ante este contexto es normal sentirse decaído y triste o ansioso pero que podemos seguir avanzando a pesar de todo ello.

Cuando evitamos emociones normalmente lo que hacemos es camuflarlas, es decir, transforman su sintomatología, pero siguen ahí y cuando hacen acto de aparición suele ser con una intensidad mucho mayor, por eso es importante acoger y aceptar todas las emociones desde un primer momento.

5. Afrontar miedos e inseguridades. Exponerse a situaciones, lugares, eventos, personas y/o decisiones que se podrían estar evitando.

6. Nos han enseñado desde bien pequeños a caminar hacia el éxito, cuando habría sido mucho más adaptativo enseñarnos a caminar hacia un objetivo, sabiendo que habrá obstáculos que superaremos a la primera y otros que los saltaremos a la tercera. En situaciones de incertidumbre esto cobra mucho más sentido, si decidimos hacer algo y sale mal es importante aceptar que no pasa nada, que forma parte del proceso de aprendizaje y que lo importante es aprender de ese error y avanzar hacia nuevas alternativas que nos lleven a ese objetivo que nos hemos marcado. La flexibilidad es clave en este proceso, de forma contraria nos estaremos autocastigando y flagelando por "errores" que son totalmente naturales.

7. Aprender a tolerar la ambigüedad y saber que no siempre hay respuestas claras puede ayudar a reducir la ansiedad asociada con la incertidumbre. Aceptar que la vida es cambio. Crecemos y evolucionamos del mismo modo que lo hace todo a nuestro alrededor. Aceptar no significa estar absolutamente de acuerdo con la situación que se nos presenta, sino que tiene que ver con dejar de intentar cambiar lo que ocurre en nuestro alrededor a base de enfadarnos y de culpar a la situación o a otras personas.

8. Mantener rutinas diarias proporciona estructura y estabilidad, ayudando a contrarrestar la sensación de caos.

9. Cultivar la resiliencia emocional requiere desarrollar habilidades para adaptarse a cambios y enfrentar desafíos de manera positiva.

10. Reducir la exposición constante a noticias negativas y desalentadoras puede contribuir a un estado mental más equilibrado.

11. Cuidado con la sobreinformación y las fuentes a las que consultamos que en ocasiones pueden aportarnos más dudas e incertidumbre que respuestas.

12. Buscar Oportunidades de Crecimiento: Ver la incertidumbre como una oportunidad para el crecimiento personal y el aprendizaje puede cambiar la perspectiva y promover una actitud más positiva.

13. Desarrollar paciencia. La espera activa* nos permite ver las cosas con más sosiego, dedicar tiempo a la introspección, dejar hablar a la intuición, fortalecer nuestra confianza, vivir sin angustiarnos por la duda de no saber y decidir con mayor sabiduría.

***Espera activa**: a casi nadie le gusta esperar, "el que espera, desespera y desesperado se queda"; te invito a activar la Espera Activa, y es que cuando te toque esperar, ya sea por alguien en tu casa, durante una cita médica, en la fila del banco, etc., aprovecha esos minutos para tu crecimiento, para formarte, reflexionar o hasta divertirte. ¿Y cómo lo puedes hacer?, hay mil y una maneras de lograrlo, carga un librito contigo y aprovecha esas pausas para retomar la lectura; puedes igual hacer uso de tu móvil o celular y encontrarás una infinidad de cosas para hacer en tu espera activa, desde escuchar un podcast, hacer una meditación, escuchar un audio libro, música o ver algo divertido. Así no estarás concentrado en el motivo de tu espera, que terminará generando una inmensa ansiedad.*

Trauma

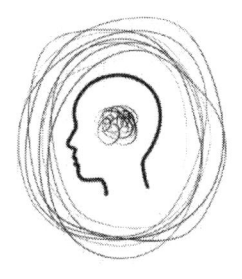

Tratar de olvidar una tragedia, a alguien que se fue, a quien nos hizo tanto daño... y no poder hacerlo, es, sin duda, frustrante y doloroso. Cuando pensamos que alguien "está traumatizado" por algo, lo reconocemos porque no deja de hablar de ello. Solemos aconsejarle que "pase página", "que no siga haciéndose daño con ese recuerdo". ¿Qué sucede? ¿Por qué insistimos en recrearnos una y otra vez en nuestra dolorosa experiencia, cuando eso nos produce tanta tristeza y rabia?

Los traumas pueden afectar a tu sentido de la seguridad y de la confianza. Después de vivir un trauma, la gente se puede seguir sintiendo tensa, asustada, sola, triste, enfadada o culpable. Puede creer que es la culpable de lo sucedido.

Un trauma es un trauma. No existe un criterio de diagnóstico que establezca cuánto daño es "suficientemente intenso" para causar un trauma. Entender el concepto de trauma es esencial para comprender que se trata de cómo una persona procesa y responde a una experiencia, más que la experiencia en sí misma. El trauma no es lo que pasó, sino cómo lo experimentamos y cómo nos afectó, pero sobre todo es saber que nadie estuvo allí para ayudarnos a superarlo.

Resalta la idea de que la consecuencia del trauma en una persona no depende únicamente de la naturaleza objetiva del evento en sí, sino de cómo la persona lo vivió y de si recibió apoyo y validación durante y después de la experiencia.

Los acontecimientos traumáticos cuestionan las relaciones humanas. Si no se trata, el trauma puede afectar negativamente a casi todos los ámbitos de la vida. Puede causar hiperactivación, anomalías del sueño, cambios en el apetito, niebla cerebral, irritabilidad, abuso de sustancias y comportamientos de riesgo que pueden llevar a la pérdida de ingresos estables. Además, un trauma no tratado puede perturbar y devastar las relaciones con sus seres queridos y colegas.

Dos personas pueden experimentar el mismo evento traumático de manera diferente. Lo que una persona considera traumático, otra puede no sentirlo de la misma manera. Esto se debe a que nuestras experiencias y percepciones son subjetivas y están influenciadas por factores como nuestro pasado, nuestra red de apoyo y nuestras capacidades de afrontamiento.

El trauma se relaciona con la forma en que una persona responde emocional y psicológicamente a una experiencia perturbadora. Esta respuesta puede manifestarse de diversas maneras, como síntomas de estrés postraumático, ansiedad, depresión o incluso trastornos de adaptación.

El trauma es una experiencia abrumadora y angustiante que puede dejar una profunda huella en una persona. Se define como una respuesta emocional y psicológica a eventos o situaciones que amenazan la integridad física o emocional de uno mismo o de otros.

Estos eventos traumáticos pueden variar desde experiencias únicas, como accidentes o desastres naturales, hasta formas más crónicas de trauma, como el abuso emocional o la negligencia prolongada.

Lo que determina que un suceso se vuelva traumático o no, es la experiencia de cada individuo. Un evento negativo y altamente estresante crea un trauma psicológico cuando se sobrepasa la capacidad del individuo para hacerle frente.

En ese caso, la persona se vuelve prisionera de las emociones negativas y pierde la capacidad de enfrentarse al mismo. A partir de ese momento, si no se aplica un tratamiento, si no hay el acompañamiento adecuado, la solidaridad y la puesta en marcha de un plan de acción, el daño se volverá crónico y comprometerá el resto del funcionamiento del sujeto.

Un trauma psicológico no tratado puede dejar a la persona emocionalmente incompleta, a la vez que creará toda una serie de comportamientos compensatorios que paradójicamente empeoran el estado inicial.

El impacto del trauma, es inherente en la salud mental y puede manifestarse de diversas maneras. Las personas que han experimentado trauma pueden enfrentar síntomas como ansiedad, depresión, pesadillas, flashbacks, dificultades para concentrarse y problemas para establecer conexiones constructivas. Además, el trauma puede afectar la autoestima, la capacidad para regular las emociones y la sensación general de seguridad en el mundo.

Gestionar el trauma es un proceso delicado que requiere enfoque y apoyo adecuado, lleva a muchas personas a intentar por todos los medios no exponerse a situaciones o lugares que pueden revivir los recuerdos dolorosos asociados a lo traumático.

Pero esta aparente solución, a pesar de evitar el malestar a corto plazo, lo refuerza a medio y largo plazo. Lo ideal es aprender a afrontarlo de manera progresiva, aunque eso implique pasar unos momentos difíciles o incómodos.

Ponte en marcha...

1.Tener una vida social estimulante nos permitirá crear nuevas conexiones en nuestra memoria, de manera que no todo nos lleve a revivir el recuerdo traumático de la misma manera. Es decir, que socializar nos ayuda a encontrarle más matices a la vida, y esto es un elemento protector en el bienestar anímico.

2. Encontrar diferentes formas de expresar emociones, ya sea a través de la escritura, el arte o la música, puede ayudar a liberar tensiones emocionales.

3. Hablar con nuestro entorno cercano de cómo nos sentimos es favorable y nos reconforta, pero es realmente con las personas que están pasando por nuestra misma situación con quienes nos sentiremos comprendidos y veremos que no somos los únicos con ese problema. Los grupos de apoyo nos permiten expresarnos y encontrar un ambiente seguro donde no nos sintamos diferentes y podemos compartir tanto momentos malos como estrategias y técnicas que nos están siendo útiles en nuestro proceso de recuperación.

4. Mantener conexiones con amigos, familiares o grupos de apoyo puede ser fundamental para la recuperación. El apoyo social brinda comprensión y validación.

5. Desarrollar habilidades para regular las emociones, como la respiración profunda o la atención plena, puede ayudar a gestionar la ansiedad y el estrés relacionados con el trauma.

6. Aprender a establecer límites en las relaciones y en la vida diaria es crucial para evitar situaciones que puedan desencadenar recuerdos traumáticos.

Aléjate de las personas ligadas al pasado traumático. Esta decisión no es sencilla, porque generalmente las personas que tienen que ver con nuestro pasado son la propia familia, de la que es casi imposible separarse, pero es un paso que hay que dar.

7. Aceptar y validar las propias experiencias es esencial para el proceso de curación. No minimizar ni invalidar lo que se ha vivido.

8. Mantener rutinas diarias proporciona estructura y predictibilidad, ayudando a crear un sentido de seguridad y estabilidad.

9. Acercarse al trauma de manera gradual y con el apoyo adecuado es importante. Trabajar en pequeños pasos puede hacer más manejable el proceso de recuperación.

10. Priorizar el autocuidado, incluyendo el descanso adecuado, la nutrición y la actividad física, contribuye a la salud integral durante la recuperación.

11. Identificar y desarrollar recursos de afrontamiento específicos puede ser parte del proceso terapéutico, brindando herramientas para manejar situaciones difíciles.

Bullying y ciberacoso

El bullying y el ciberacoso son formas perniciosas de maltrato que pueden tener graves repercusiones en quienes los experimentan. El bullying supone comportamientos repetitivos de intimidación, agresión o exclusión por parte de una persona o grupo con el objetivo de causar daño emocional o físico. Por otro lado, el ciberacoso se lleva a cabo a través de medios electrónicos, como mensajes en línea, imágenes o publicaciones diseñadas para acosar, difamar o humillar a la víctima.

Ambas formas de acoso afectan profundamente a quienes son blanco de estas conductas.

Las víctimas pueden experimentar ansiedad, depresión, baja autoestima y, en casos extremos, incluso pueden desarrollar trastornos de estrés postraumático. La persistencia de estas experiencias puede llevar a un sentimiento de aislamiento y desconfianza, conmocionando negativamente la calidad de vida y el bienestar emocional.

El Bullying, es un conjunto de comportamientos de carácter agresivo e intencional, que, en sí, es un desequilibrio de poder o fuerza. Hablamos de cualquier tipo de maltrato (físico, verbal, psicológico o relacional) que se repite a lo largo del tiempo. Para diferenciarlo de otros problemas que surgen, debe cumplir con estas tres características:

- **Intencionalidad**: hay uno o varios agresores que tienen intención de provocar daño a otro individuo.

- **Desigualdad**: el agresor es más fuerte que la víctima y esta desigualdad se manifiesta en todos los planos (físico, psicológico o social).
- **Periodicidad**: no se trata de un hecho aislado. Para que la consideremos como "bullying" debe repetirse en el tiempo. En la victima provoca una sensación de inseguridad ante la expectativa de sufrir una nueva agresión.

El Ciberbullying o "ciber acoso", es un tipo de acoso que se realiza a través de los recursos tecnológicos. Consiste en la difusión de información dañina para la víctima a través de los medios de comunicación, principalmente de internet: redes sociales, publicación de fotografías y videos, correo electrónico, whatsapp, etc. El ciberbullying adopta diferentes formas, incluye el acoso a través de mensajes directos hacia la víctima, la publicación de fotos humillantes en Internet, creación de información falsa de la víctima para desprestigiarla, suplantar la identidad de la víctima para publicar contenidos en sus redes sociales, desvelar información privada, grabar en video una agresión y publicarla en internet, etc.

La víctima de bullying ve completamente afectada su salud física y psicológica. Por tanto, va a afectar a sus relaciones familiares, sociales y a su rendimiento académico. Va a impactar de forma negativa a su autoestima. Pueden aparecer trastornos físicos, trastornos del sueño, problemas psicosomáticos, fobias, depresión, ansiedad, desmotivación académica y en los casos más extremos incluso conductas suicidas. Otra consecuencia es la culpabilización que a veces ocurre en la victima por parte de profesores o familiares, esto sucede cuando le atribuyen responsabilidad sobre ese problema.

Y ahora...

1. Es fundamental hablar con alguien en quien confíes sobre lo que estás experimentando. Puede ser un amigo, un miembro de la familia o un consejero.
2. En el caso del ciberacoso, es aconsejable recopilar evidencia, como capturas de pantalla o mensajes, para respaldar cualquier acción que puedas necesitar tomar en el futuro.
3. Si te sientes seguro haciéndolo, comunícate directamente con la persona que está acosando para expresar claramente cómo te están afectando sus acciones.
4. Establecer límites involucra decir "no" de manera firme y proteger tu bienestar emocional. No dudes en bloquear a personas que te estén acosando en línea.
5. Si el acoso persiste o se vuelve más grave, informa a las autoridades pertinentes, ya sean educativas o legales, para buscar intervención y protección.
6. Enfócate en el autocuidado. Practicar actividades que te brinden alegría y relajación puede ayudar a mitigar la huella negativa del acoso en tu bienestar.
7. La terapia con un experto de la salud mental puede ser esencial para procesar las emociones asociadas con el acoso y desarrollar estrategias efectivas para manejar la situación.
8. Trabajar en la educación y sensibilización sobre el acoso puede ayudar a crear conciencia en la comunidad y fomentar un ambiente más seguro y compasivo.
9. Desarrollar la resistencia emocional es crucial. Esto es madurar habilidades para enfrentar desafíos y superar adversidades.
10. Mantener conexiones positivas con amigos y seres queridos contribuye a fortalecer el sistema de apoyo, contrarrestando el choque negativo del acoso.

11. Muchas víctimas además son chantajeadas y amenazadas con publicación de imágenes o videos. No accedas a sus pretensiones. Si lo haces los chantajistas continuarán pidiéndote cada vez más y más. De hecho, muchas veces acaban publicando los videos y fotografías sexuales de todas formas. No accedas al chantaje. Habla con alguien, y denuncia.

Ruptura amorosa

Las rupturas amorosas son eventos emocionales que pueden tener un golpe profundo en todo el espectro de la vida de quienes las experimentan. Estas situaciones suelen ir acompañadas de una variedad de emociones intensas, como tristeza, dolor, ansiedad y, en algunos casos, incluso depresión. La pérdida de una relación puede desencadenar una sensación de duelo, similar a la pérdida de un ser querido, ya que nos lleva a ajustarnos a una nueva realidad sin la presencia emocional y física del otro.

Existen muchos tipos de ruptura de pareja y no todos producen el mismo dolor. Algunas rupturas son liberadoras, otras son esperadas e incluso fruto del mutuo acuerdo, pero, sin duda, la ruptura más devastadora es aquella que se realiza de manera unilateral, cuando uno quiere disolver el vínculo, pero el otro no.

El desamor es un sentimiento profundamente desgarrador. Vivir una ruptura de pareja puede suponer mucho más que una mera tristeza.

Puede llevar a las personas a conectar con la idea de que la vida es endeble y carece de significado. Y es que una ruptura es mucho más que ponerle fin a una relación. Supone tener que dejar atrás una rutina, desocupar el espacio mental que llenaban las cosas diarias de la pareja, romper con la estructura de futuro en la que uno puede llevar mucho tiempo trabajando, perder intimidad con amistades o tener que renunciar a determinados lugares, abandonar la propia casa, reorganizar el concepto de familia si se tienen hijos y un larguísimo etcétera de cambios que producen el desvanecimiento del equilibrio vital.

Aunque en determinadas circunstancias es más saludable continuar por separado, la ruptura de pareja puede dar lugar a un conjunto de reacciones caótico, donde la persona siente una fuerte pérdida de control, un profundo vacío interno y la impresión de que no puede darle una dirección a su vida. Dicha sintomatología se manifiesta no solo a nivel emocional, sino también a nivel fisiológico (opresión en el tórax, falta de aire, taquicardia, alteraciones del sueño y del apetito, etc.) y conductual (aislamiento social, llanto, hipoactividad, conductas de chequeo, etc.).

El proceso de duelo, derivado del término latino "dolus" (dolor), representa la respuesta emocional que el cuerpo experimenta ante la pérdida de un ser querido o algo muy representativo.

Aunque comúnmente se asocia con la muerte de un ser querido, el duelo puede manifestarse frente a otras pérdidas, como la de un empleo, la salud o una relación de pareja. A pesar de la incomodidad que provoca, el propósito central del duelo radica en permitir que la persona se adapte a su nueva realidad, aprenda a vivir sin lo que ha perdido y reinvierta en su vida en busca de un nuevo sentido.

Este proceso nos hace atravesar diversas fases, que se detallan a continuación y son, en su mayoría, similares para la mayoría de las personas:

- **Fase de conmoción**: Inicia con la ruptura y se caracteriza por la incredulidad o negación. Prevalece la sensación de que lo sucedido no es real, acompañada de un bloqueo emocional que puede expresarse de diversas maneras, como ignorar la situación o sentirse paralizado. Es común experimentar desorientación, anestesia emocional y la sensación de estar inmerso en un sueño. La duración suele ser variable, desde horas hasta días.
- **Fase de ambivalencia**: Esta etapa, la más dolorosa y prolongada, lleva consigo la asunción intelectual de la ruptura y la búsqueda de explicaciones. Se experimentan emociones intensas y ambivalentes, como rabia, tristeza e injusticia. Se desarrollan sentimientos de culpa, celos, inferioridad y tristeza por la pérdida del proyecto compartido. La insatisfacción generalizada con la vida se mezcla con la esperanza de revertir la situación. Además, se produce un cuestionamiento de creencias previas. Esta fase suele durar un tiempo considerable.
- **Fase de comprensión**: Aquí, la asimilación emocional comienza a tomar protagonismo. La persona pierde la esperanza de reconciliación y empieza a aceptar la necesidad de dejar atrás la relación. Los sentimientos dejan de ser tan ambivalentes, y se inicia un proceso de reflexión para comprender lo sucedido. Aunque persiste la tristeza por la pérdida, la comprensión reemplaza a la rabia, marcando el inicio hacia la aceptación.
- **Fase de aceptación**: La etapa final del duelo se caracteriza por superar la ruptura. La persona logra asumir las consecuencias de la separación y avanzar hacia la adaptación a la nueva realidad. Aquí, las personas no intentan cambiar lo ocurrido, se sienten fortalecidas y sienten la necesidad de distanciarse de la expareja para reconstruir sus vidas.

El duelo tras una ruptura de pareja varía en duración, generalmente entre seis meses y dos años. Factores como lo inesperado de la ruptura, la intervención de terceros o la sensación de indiferencia y desprecio pueden prolongar el proceso. La presencia de una red de apoyo sólida, compuesta por amigos, familiares y profesionales, facilita una mejor elaboración del duelo. Así, es importante permitirte ser acompañado por personas cercanas durante este proceso.

La manera que nuestra mente se convierte en un remolino, durante una ruptura amorosa puede manifestarse de diversas maneras. La autoestima puede disminuir, las preocupaciones sobre el futuro pueden aumentar y la capacidad para concentrarse en otras áreas de la vida puede verse afectada. La sensación de pérdida y la reevaluación de la propia identidad sin la pareja pueden generar un proceso de adaptación emocional desafiante.

Ponte en acción...

1. Es crucial permitirse experimentar y procesar las emociones asociadas con la ruptura. Negar o reprimir los sentimientos puede prolongar el proceso de curación.
2. Aunque parezca imposible, tu objetivo tiene que centrarse en recuperarte y lograr pasar página enfocándote en acciones productivas que te ayuden a salir adelante de la ruptura amorosa de la mejor forma posible.
Tómate las cosas con calma. Puedes tomar la situación como una oportunidad para conocerte mejor, identificar tus deseos y necesidades de forma más clara y con ello crecer como persona. Antes de tomar ninguna decisión sobre grandes cambios en tu vida (cambiar de amigos, mudarte, dejar tu

trabajo, etc.) debes centrarte en los cambios que se están produciendo en ti a nivel interno y hacer las paces con tu nueva situación personal.

3. Evita a toda costa tomar decisiones precipitadas acerca de tu futuro intentando huir de tu malestar actual. Escapar de las dificultades puede resultar un alivio temporal, pero no va a mejorar tu estado de ánimo de forma definitiva. La mejor forma de superar tu estado anímico actual es aceptándolo y trabajando sobre el mismo. Una vez que tu estado emocional sea más adecuado podrás iniciar todos los cambios que consideres necesarios en tu vida con el fin de adaptarla a aquello que tú, con las ideas mucho más claras y sin depender de nadie, más desees.

4. En las primeras etapas de la ruptura, establecer límites de contacto con la expareja puede facilitar la adaptación emocional y permitir el espacio necesario para sanar. Independientemente de las causas de la ruptura amorosa, ambos tenéis que aprender a estar sin el otro. En caso de no hacerlo, existe el riesgo de establecer una relación perjudicial entre ambos, basada únicamente en la costumbre, los reproches y la dependencia, que impedirá que sigáis adelante. Todo ello no significa que no sea posible volver a establecer contacto, sino que, al menos inicialmente es importante poner atención en limitarlo de alguna forma con el fin de crear el espacio necesario para la recuperación y pasar página.

5. Las redes sociales suelen resultar uno de los peores obstáculos a superar. Tener la facilidad de conocer qué está haciendo el otro, con quién e incluso dónde no facilita la ruptura amorosa.

Procurar no acceder a los perfiles de la ex pareja o utilizar menos las redes resulta extremadamente complicado en estos momentos.

Por ello, una recomendación más asequible podría dirigirse a no sentirse atacado por las posibles imágenes o "estados" que el otro publique. Aunque es probable que el otro piense en ti de forma frecuente, debes evitar pensar que todo lo que hace tiene una intención oculta (ya sea de llamar tu atención, perjudicarte, etc.).

6. Es muy frecuente vincularnos a las personas y a las cosas. Creamos un apego a ciertos objetos y es necesario romper esos lazos de forma progresiva. Por eso borrar o guardar las fotos, regalos, y otros elementos que te recuerden a esa persona también puede ser buena idea. No significa que te deshagas de todo, sino que lo guardes fuera de la vista para evitar que su presencia te dañe. Si seguimos teniendo la casa llena de fotos de nuestros viajes en pareja, estaremos constantemente recordando.

7. De nada vale anclarse en el pasado y negar que tu relación ha acabado. Aceptar lo que ha sucedido es el punto de partida para comenzar a mejorar. No te dejes llevar por la culpa o la ira, simplemente comprende que tu dolor emocional es normal. Debes tener claro que esto no es más que otra etapa de la vida que, si consigues gestionar adecuadamente, podrá hacerte incluso crecer.

8. El proceso de tristeza que conlleva la finalización de una relación puede hacerte idealizar todo lo que la otra persona representaba para ti. Esto es un grave error. Tampoco se trata de que demonices tu matrimonio, pero sí que has de tener una visión equilibrada que te haga ver tanto lo bueno como lo malo. Solo así podrás superar tu dolor y abrirte, en caso de que así lo desees, a una nueva relación.

9. Probar actividades nuevas o retomar pasatiempos puede ayudar a redescubrir intereses personales y crear un sentido renovado de identidad.

10. Reflexionar sobre la relación y aprender de la experiencia puede ser parte del proceso de crecimiento personal.

11. Desarrollar habilidades de fortaleza emocional, como la capacidad para adaptarse a cambios y manejar el estrés, es esencial para superar la adversidad.

12. Establecer metas realistas para el proceso de curación y evitar la presión de recuperarse rápidamente contribuye a un enfoque más compasivo hacia uno mismo.

13. Mantener conexiones positivas con amigos y actividades sociales puede ayudar a contrarrestar la sensación de aislamiento y fomentar el apoyo emocional. Hacer planes que vayan desde tomarnos un café hasta irnos a cenar o planificar un viaje con amigos o familia, es algo que nos ayudará a seguir adelante. De hecho, viajar con las amigas y pasar tiempo con ellas tiene más efectos positivos para la salud de los que imaginas.

14. Desde un punto de vista psicológico, una ruptura amorosa es también un proceso de duelo. En ocasiones nos centramos en la idea de superar la relación cuanto antes, no permitiendo que la ruptura nos afecte o nos cambie.

Tanto que no nos damos el tiempo de regodearnos en el dolor. Esto no quiere decir que nos quedemos semanas o meses llorando y lamentándonos, pero sí que nos permitamos días para estar tristes, llorar y lamentarnos por la pérdida.

15. Es importante que nos repitamos que merecemos amor. Siempre. Todos tenemos derecho y merecemos encontrar una persona que quiera estar con nosotros y quien realmente nos quiera, lo hará.

Tras afrontar una ruptura, recordarnos que merecemos ser felices y que nos traten bien especialmente tras una ruptura traumática o una relación insana, es necesario para que en el futuro podamos tener una relación más saludable.

Duelo

Por definición, la pérdida de cualquier objeto de apego provoca un duelo, si bien la intensidad y las características de éste pueden variar en gran medida en función del grado de vinculación emocional con el objeto, de la propia naturaleza de la pérdida y de la forma de ser y la historia previa de cada persona. El duelo es una respuesta emocional natural y compleja ante la pérdida de algo significativo, ya sea la muerte de un ser querido, la ruptura de una relación, la pérdida de un empleo o incluso cambios drásticos en la vida. Es un proceso que nos lleva a ajustarnos a una nueva realidad sin la presencia física o emocional de lo que se ha perdido. Aunque el duelo es una experiencia universal, su naturaleza y duración varían considerablemente de una persona a otra.

La forma en que el duelo nos afecta puede ser profunda y abarcar una gama amplia de emociones. La tristeza, la ira, la confusión y la sensación de vacío son respuestas comunes. Además, el duelo puede modificar el sueño, el apetito y la capacidad para concentrarse en otras áreas de la vida. En algunos casos, el duelo puede contribuir al desarrollo de problemas de salud mental, como la depresión o la ansiedad.

La tristeza, expresada a través de las lágrimas, es el sentimiento más común entre aquellos que han sufrido una pérdida. La ira es causada por el hecho de que la persona no pudo evitar la pérdida.

El sentimiento de culpa es un sentimiento irracional, que se refiere a algo que podría haber sucedido pero que no ocurrió en los momentos previos al duelo.

La ansiedad proviene de la sensación de no poder protegerse, especialmente de la muerte. Otras emociones causadas por el duelo pueden ser la soledad, el shock (en caso de duelo repentino), el anhelo, el alivio (si la persona fallecida ha tenido que enfrentar un camino largo y difícil) y el aturdimiento (no sentir emociones).

Las fases del duelo:

La psiquiatra suiza Elisabeth Kübler-Ross identifica cinco estadios que tienen lugar, en mayor o menor grado, siempre que sufrimos una pérdida. Aunque pueden darse sucesivamente, no siempre tiene por qué ser así. Cada proceso, como cada persona, es único.

Negación: La negación es una reacción que se produce de forma muy habitual inmediatamente después de una pérdida. No es infrecuente que, cuando experimentamos una pérdida súbita, tengamos una sensación de irrealidad o de incredulidad que puede verse acompañada de una congelación de las emociones. Se puede manifestar con expresiones tales como: "aún no me creo que sea verdad", "es como si estuviera viviendo una pesadilla" e incluso con actitudes de aparente "entereza emocional" o de actuar "como si no hubiera pasado nada". La negación puede ser más sutil y presentarse de un modo difuso o abstracto, restando importancia a la gravedad de la pérdida o no asumiendo que sea irreversible, cuando en muchos casos lo es.

Ira: Generalmente el primer contacto con las emociones tras la negación puede ser en forma de ira. Se activan sentimientos de frustración y de impotencia que pueden acabar en atribuir la responsabilidad de una pérdida irremediable a un tercero.

En casos extremos, las personas no pueden ir elaborando el duelo porque quedan atrapadas en una reclamación continua que les impide despedirse adecuadamente del objeto amado.

Negociación: En la fase de negociación, se comienza a contactar con la realidad de la pérdida al tiempo que se empiezan a explorar qué cosas hacer para revertir la situación. Por ejemplo, cuando a alguien se le diagnostica una enfermedad terminal y comienza a explorar opciones de tratamiento pese a haber sido informado de que no hay cura posible, o quien cree que podrá recuperar una relación de pareja ya definitivamente rota si empieza a comportarse de otra manera.

Depresión: A medida que avanza el proceso de duelo y se va asumiendo la realidad de la pérdida, se comienza a contactar con lo que es per se emocionalmente la ausencia, lo que se manifiesta de diversos modos: pena, nostalgia, tendencia al aislamiento social y pérdida de interés por lo cotidiano. Aunque se denomina a esta fase "depresión", sería más correcto denominarla "pena" o "tristeza", perdiendo así la connotación de que se trata de algo patológico. De algún modo, sólo doliéndonos de la pérdida puede empezar el camino para seguir viviendo a pesar de ella.

Aceptación: Supone la llegada de un estado de calma asociado a la comprensión, no sólo racional sino también emocional, de que la muerte y otras pérdidas son fenómenos inherentes a la vida humana. Se podría aplicar la metáfora de una herida que acaba cicatrizando, lo que no lleva dejar de recordar sino poder seguir viviendo con ello.

Tipos de Duelo:

Duelo anticipado: El duelo anticipado es un proceso emocional que ocurre cuando una persona se prepara emocionalmente para una pérdida futura.

Es una forma de enfrentarse y aceptar la pérdida antes de que ocurra, lo que puede ayudar a reducir el dolor cuando finalmente llegue este momento.

Duelo patológico: El duelo patológico es un tipo de duelo que ocurre cuando los síntomas del duelo persisten y empeoran en lugar de disminuir con el tiempo y la persona se encuentra en fase de negación. Puede ser una reacción normal al duelo cuando la pérdida es muy significativa o cuando la persona tiene problemas previos de salud mental, pero cuando persisten por un período prolongado de tiempo, pueden interferir en la capacidad de una persona para llevar una vida plena y satisfactoria.

Algunos de los síntomas del duelo patológico incluyen: Tristeza persistente, ansiedad, miedo, culpabilidad, falta de concentración, desesperación y pensamientos autodestructivos.

Duelo retardado: En este caso, los síntomas del duelo no aparecen inmediatamente después de una pérdida, sino que se retrasan y aparecen en un momento posterior. Esto puede ser una respuesta normal a una pérdida traumática o a una pérdida que la persona no ha podido procesar de manera adecuada en el momento en que ocurrió.

Duelo inhibido: La persona experimenta una pérdida y no procesa o muestra los síntomas típicos del duelo. Esto puede deberse a:
- Miedo a sentir dolor emocional intenso.
- Creencias culturales o familiares que minimizan o desaprueban la expresión emocional abierta.
- Desconocimiento de cómo procesar adecuadamente el duelo.
- Conmoción o estrés traumático que impide el procesamiento normal del duelo.

Aunque el duelo inhibido puede parecer una respuesta positiva en el corto plazo, puede tener efectos negativos a largo plazo debido a la acumulación de emociones no resueltas y dificultades para procesar adecuadamente la pérdida.

Duelo crónico: El duelo crónico persiste por un período prolongado de tiempo, mucho más allá del período normal del duelo. En estos casos, la persona no ha podido procesar adecuadamente la pérdida y continúa experimentando síntomas de duelo, como tristeza profunda, ansiedad, ira, culpa y pérdida de interés en las actividades previamente importantes.

El duelo crónico puede ser especialmente común después de una pérdida traumática, como la muerte violenta de un ser querido o un divorcio conflictivo. También puede ser una respuesta a una serie de pérdidas o una combinación de factores emocionales y psicológicos.

Duelo enmascarado: La persona parece haber superado la pérdida y no muestra síntomas obvios del duelo, como tristeza o llanto. Sin embargo, en realidad, la persona está experimentando un duelo no procesado que se manifiesta de manera disfrazada en su comportamiento o en su salud física.

El duelo enmascarado puede ser difícil de identificar porque la persona puede aparentar tener una vida normal y estar funcionando adecuadamente en su vida diaria. Sin embargo, pueden experimentar síntomas de ansiedad, depresión o enfermedad física.

Aunque el duelo es un proceso personal, también es importante su vertiente social.

Todas las culturas han ido desarrollando formas de canalizar ese dolor a través de los lazos comunitarios (compartir el dolor con los otros) y con elaboraciones simbólicas que dan un sentido trascendente a la pérdida.

Consejos prácticos...

1. Es importante permitirse sentir y expresar las emociones asociadas con la pérdida. Negar o reprimir los sentimientos puede complicar el proceso de duelo. De manera errónea, muchas veces intentamos tapar el dolor porque nos resulta insoportable, creyendo así que pasará antes. En esta tarea del duelo lo que hacemos es permitirnos sentirlo, identificando las emociones que aparecen y expresándolas sin miedo. Tras una pérdida aparecen emociones y sentimientos muy intensos como rabia, tristeza, angustia, miedo, soledad, culpa. Es muy importante poder hablar de ellos para que no se queden atrapados en nuestro cuerpo.

2. Escribe una carta, si el duelo es por la pérdida de una persona. En ella es importante que plasmes todos los sentimientos, tanto positivos como negativos hacia esa persona. Escribe todos los días o al menos tres veces por semana. Cada vez que comiences a redactar tu carta, relee lo que escribiste los días anteriores y luego continúa escribiendo la carta. Los contenidos de la carta no tienen por qué ser nuevos. Es decir, puedes escribir o hablar sobre lo mismo todas veces que necesites. Sabemos que hay ciertos mensajes necesitamos repetirlos varias veces.

3. Toma una maceta y siembra una planta, cuídala, riégala, háblale, como si estuvieras hablando con tu ser querido, acude a ella en tus momentos tristes y también en los alegres, cuéntale tu día a día, verás que te descargarás de muchas emociones.

4. Mantener una charla con una persona de confianza para desahogarte es otro de los ejercicios para superar el duelo que más pueden ayudarte. Además de aliviar el dolor, recibirás el apoyo y cariño que tanto necesitas en estos momentos.

5. El duelo no sigue un cronograma específico y varía para cada persona. Aceptar que es un proceso único y personal es fundamental.

6. Encontrar maneras de honrar y recordar a la persona o la situación perdida puede ser terapéutico y ayudar en el proceso de ajuste.

7. Explorar el significado de la pérdida y cómo afecta la vida puede ser parte del proceso de encontrar sentido y perspectiva.

9. Participar en actividades terapéuticas, como la escritura, el arte o la música, puede proporcionar una vía de expresión para las emociones.

10. Agradece, toma un cuaderno y un lápiz y agradece por todos los momentos vividos con aquella persona, recuerda los buenos momentos, y escríbelos, revívelos, pero con amor, agradece por ellos.

Guarda ese cuaderno y cuando tengas más momentos que lleguen a tu mente agrégalos, relee los que ya tenías, consérvalo, pues la memoria nos puede llegar a fallar con el paso de los años y es una hermosa manera de reconectar con ese ser que fue tan importante en tu vida.

11. Despídete. Volver a comenzar, sobre todo cuando la relación era de pareja, es un poco complicado, pues a pesar de todo, existe un sentimiento de traición si se quiere recomenzar la vida amorosa.

En esta o en cualquier otra situación, es importante despedirnos, y no quiere decir olvidar, es simplemente dar el paso a seguir con tu vida, a continuar con tus planes.

Puedes hacerlo con palabras, por medio de una carta, o sembrando un árbol, enterrando allí, no los recuerdos, pero si tu dolor, transformándolo en buenos recuerdos.

Familia

Las relaciones familiares desempeñan un papel principal en la salud mental de los individuos, ya que constituyen uno de los principales contextos de socialización y apoyo emocional a lo largo de la vida. La calidad de las relaciones familiares tiene gran relevancia en el bienestar psicológico, ya que las experiencias familiares positivas pueden promover la estabilidad emocional y la verdadera unión, mientras que las relaciones conflictivas pueden contribuir al estrés y generar desórdenes psicosociales.

La salud mental óptima se basa en el respaldo proporcionado por las relaciones que se establecen y mantienen en el entorno familiar, laboral, educativo, vecinal, u otros ámbitos de interacción diaria. Una familia saludable contribuye al bienestar emocional de cada miembro, fortaleciendo los vínculos afectivos, fomentando apegos seguros y confiables, así como promoviendo la formación de valores e identidad.

La familia representa el primer contexto de socialización para una persona. Dentro de este núcleo, se adquieren conocimientos fundamentales, tales como la expresión afectiva, el desarrollo de una personalidad madura y emocionalmente estable, la internalización de patrones de conducta e interacciones armoniosas, la capacidad para afrontar la adversidad y tolerar la frustración, así como la participación e integración en una vida comunitaria sana, entre otros aspectos.

Todos estos aprendizajes se construyen en las interacciones diarias familiares. Los hijos de progenitores con problemas o trastornos mentales, incluyendo aquellos relacionados con el consumo de sustancias, enfrentan un mayor riesgo de padecer trastornos mentales a lo largo de su vida. Por ello, resulta crucial el respaldo mutuo en la familia y la búsqueda de tratamiento.

Es esencial que las familias brinden espacios y modos propicios para un desarrollo saludable, creando entornos seguros, fomentando la confianza, facilitando la comunicación y nutriendo afecto constante. Esto quiere decir, establecer límites seguros y prevenir cualquier forma de maltrato o violencia intrafamiliar. Ya sea una familia monoparental, tradicional o extensa, con diversas generaciones conviviendo en un mismo hogar, la estructura familiar no determina su funcionalidad saludable. Se destaca como un espacio emocional clave en la interacción social, contribuyendo a la prevención de conductas de riesgo como el consumo de tabaco, alcohol, drogas o la participación en situaciones de violencia.

A pesar de los cambios y evoluciones socioculturales, la familia sigue siendo un pilar fundamental para la plenitud emocional de sus miembros. Es crucial que niños, niñas y adolescentes crezcan con una sólida autoestima, seguridad en sí mismos, protección, afecto y una comunicación asertiva para fomentar un desarrollo socioemocional saludable.

La sociedad nos enseña que los lazos de sangre deben mantenerse para siempre, sobre todo cuando se trata de mamá, papá o hermanos; en estos casos es casi una obligación amarlos, respetarlos y dejarlos para siempre en nuestra vida. Sin embargo, hay familiares que pueden volverse tóxicos y por lo tanto conflictivos; entonces sin darse cuenta afectan a un ser querido.

Una persona que recibe abusos por parte de su familia, experimenta consecuencias como baja autoestima, sentimientos de inutilidad e incluso culpa. Cabe hacer énfasis que la violencia intrafamiliar es un problema que puede ocasionar daños para toda la vida, así pues, debe solucionarse de inmediato. Cuando un miembro de la familia se vuelve excesivamente controlador, la persona controlada no puede desarrollarse de un modo saludable e independiente. Esto influye en que pueda volverse dependiente, evite el contacto social y tenga temor de ser ridiculizados, humillados o rechazado por otros. La falta de comunicación en la familia es capaz de generar sentimientos de incomprensión. Comunicarse es esencial para el ser humano, por lo tanto, al no integrarse de la manera correcta, respetando sobre todo la opinión de otros; la relación familiar comienza a romperse.

Los conflictos familiares son eventos naturales, pues derivan de la convivencia entre los miembros de una unidad familiar. Como consecuencia, generan inestabilidad, frustración y preocupación, además de poder resurgir problemas del pasado que no fueron solucionados. En general, un conflicto nunca debe evitarse, pues la agresividad puede escalar a niveles preocupantes. Lo mejor es afrontarlo de forma inteligente, calmada, asertiva y con la cooperación de todos los miembros. Y es que, las disputas son una buena oportunidad para progresar y aprender de ellas.

La familia tiene un gran peso en la socialización pues actúa como una especie de antesala a lo que más tarde será la comunidad social de una persona. Especialmente en la infancia, la familia actúa como un referente social y proyecta los comportamientos y valores a desarrollar. Después, vendrá la escuela y otro tipo de relaciones, ayudando a moldear nuestras capacidades y características inter e intrapersonales. Pero, ¿qué ocurre cuando la familia, en lugar de actuar como una base sólida para el desarrollo social, presenta un espacio de conflicto?

Vivir en una familia conflictiva puede generar una serie de desafíos emocionales y psicológicos. La exposición constante a tensiones, discusiones o relaciones difíciles puede contribuir al aumento del estrés, la ansiedad y la depresión. Además, las dinámicas familiares conflictivas pueden influir en la autoestima, la autoimagen y la capacidad para establecer relaciones equilibradas fuera del entorno familiar.

Así puedes actuar...

1. Poda tu árbol genealógico, no estás obligado a pertenecer a la familia que tienes, si sus comportamientos o valores no van con tu forma de vivir y pensar, puedes mantener sana distancia. Definir límites claros puede ayudar a proteger el bienestar emocional. Establecer límites no significa distanciarse emocionalmente, sino garantizar un espacio respetuoso y seguro para todos los miembros de la familia. Aléjate de ser necesario: esto te ayudará recuperar las riendas de tu vida.

2. Fomentar la comunicación abierta y honesta puede ayudar a solucionar los problemas de manera constructiva. Buscar momentos adecuados para expresar preocupaciones y emociones puede facilitar la comprensión mutua.

3. Buscar apoyo fuera de la familia, como amigos, mentores o profesionales de la salud mental, puede proporcionar una perspectiva adicional y ofrecer un espacio de apoyo emocional.

4. Aprender estrategias efectivas de afrontamiento, como la respiración profunda, la meditación o la escritura, puede ayudar a manejar el estrés y la ansiedad asociados con las dinámicas familiares conflictivas.

5. Identificar y enfocarse en aspectos positivos de las relaciones familiares, así como en momentos de armonía y apoyo, puede contribuir a construir una base más sólida. Hay que hablar de las cosas buenas, agradecer y perdonar, pero fundamental, hacerlo con palabras y hechos, que el otro se entere directamente de lo que piensas.

6. Tratar de entender las perspectivas y emociones de los demás miembros de la familia puede ayudar a desarrollar empatía y fortalecer las relaciones. Trabaja en la empatía, es fundamental.

7. Implementar rutinas diarias que incluyan momentos de unión y actividades positivas puede contribuir a crear un ambiente más armonioso en el hogar.

8. La terapia familiar puede ser una opción valiosa para enfrentar los retos y mejorar la comunicación dentro del núcleo familiar.

9. Promover la reflexión individual y el autoconocimiento puede ayudar a comprender cómo las propias acciones y reacciones contribuyen a las dinámicas familiares.

10. Aceptar que no se pueden cambiar a otras personas y reconocer los límites personales es fundamental para mantener el equilibrio y la ecuanimidad en contextos familiares conflictivos.

Olvídate de cambiar a otros, las personas solo cambian cuando quieren, así que lo más importante es priorizar tu bienestar por encima de los demás.

11. El respeto siempre debe existir, olvídate de las reacciones impulsivas. Afronta los conflictos de manera saludable y calmada. Deja que la rabia pase antes de actuar y herir a los demás. Cuando respondemos a los conflictos, este se nutre de nuestro bienestar.

Sueño

El sueño es un componente fundamental de la vida humana, desempeñando un papel crucial en el bienestar físico y mental. A lo largo de la historia, los seres humanos han buscado comprender y dar sentido a los misterios que envuelven el acto de dormir. Desde una perspectiva psicológica, el sueño no solo representa un período de descanso físico, sino también un momento crucial para la consolidación de la memoria, la regulación emocional y el procesamiento de experiencias.

Sin embargo, la experiencia del sueño puede verse afectada por diversos trastornos que cambian la calidad de vida de las personas. Los trastornos del sueño abarcan una amplia gama de aspectos, desde la dificultad para conciliar el sueño hasta problemas más graves, como la apnea del sueño o el síndrome de piernas inquietas. Estos trastornos pueden surgir debido a factores genéticos, ambientales, psicológicos o una combinación de ellos.

Al estar expuestos constantemente a pantallas y a luz artificial previo a dormir, el cerebro se acostumbra a un estado de actividad constante y no reconoce que debe liberar melatonina, conocida como la hormona del sueño. Esto modifica el ciclo circadiano responsable de regular la alternancia del sueño y la vigilia, los cuales al estar alterados pueden afectar el estado de ánimo, la memoria, el rendimiento cognitivo y la respuesta inmunológica de las personas.

El principal regulador este ciclo es la luz solar, por lo que la exposición a la luz brillante durante el día ayuda a mantener la sincronía con el ciclo natural de luz y oscuridad.

Los problemas en la higiene del sueño pueden tocar tanto a niños como a adultos. En el caso de los más pequeños, la falta de sueño reparador genera afectaciones en su crecimiento, problemas de comportamiento, déficit de atención y dificultades en el aprendizaje.

Por otro lado, los adultos que no logran tener un sueño de calidad experimentan dificultades de rendimiento, intolerancia en las relaciones personales, somnolencia diurna, microsueños durante el día, lo que genera el riesgo de quedarse dormidos mientras realizan diferentes actividades como trabajar, leer y hasta conducir, lo que a largo plazo presentaría problemas para su seguridad y la de los demás.

En la fase profunda sueño, conocida como sueño REM, ocurre la parte más importante del ciclo. En esa etapa, el cuerpo experimenta una relajación muscular extrema y sucede el descanso más reparador, los ciclos son de aproximadamente 60 a 90 minutos y para tener una buena noche se debe alcanzar el sueño REM mínimo cuatro veces en la jornada.

Uno de los trastornos más comunes es el insomnio, que se caracteriza por la dificultad para conciliar el sueño, mantenerlo o despertarse demasiado temprano. Este problema puede estar vinculado a factores como el estrés, la ansiedad o los hábitos de sueño irregulares. La ansiedad nocturna, por ejemplo, puede generar un círculo vicioso, ya que la preocupación por no poder dormir puede contribuir a la dificultad para conciliar el sueño.

Otro trastorno relevante es la apnea del sueño, que son interrupciones repetidas de la respiración durante la noche. Este trastorno no solo afecta la calidad del sueño, sino que también puede tener consecuencias graves para la salud física y mental a largo plazo.

La privación crónica del sueño, sea por apnea u otros trastornos, puede aumentar el riesgo de enfermedades cardiovasculares, diabetes, problemas cognitivos y trastornos del estado de ánimo.

La comprensión y tratamiento de los trastornos del sueño involucran una evaluación integral que abarca aspectos físicos, psicológicos y ambientales. La terapia cognitivo-conductual para el insomnio ha demostrado ser efectiva al involucrar los patrones de pensamiento negativos y los comportamientos asociados con el problema. Además, en casos más severos, puede ser necesario considerar enfoques farmacológicos o dispositivos médicos, dependiendo del tipo de trastorno.

Es esencial subrayar la importancia de adoptar buenos y sanos hábitos de sueño para prevenir la aparición de trastornos. Mantener un horario de sueño regular, crear un ambiente propicio para el descanso, y practicar técnicas de relajación pueden contribuir a mejorar la calidad del sueño.

El sueño es un aspecto fundamental de la existencia. Los trastornos del sueño tienen una relación directa con la vida cotidiana y, por lo tanto, es crucial abarcarlos de manera integral, considerando tanto los aspectos psicológicos como los fisiológicos para promover un sueño reparador y un bienestar general. Gestionar los trastornos del sueño, significa tener en cuenta tanto los aspectos físicos como los psicológicos de la dificultad para dormir.

Los trastornos del sueño se pueden clasificar en cuatro grandes grupos:
- Trastornos con somnolencia diurna excesiva (narcolepsia, síndrome de apneas de sueño e hipersomnia idiopática)
- Trastornos con dificultad para conciliar y mantener el sueño o insomnio
- Trastornos con conductas anormales durante el sueño o parasomnias (sonambulismo, terrores nocturnos, pesadillas)
- Trastornos del ritmo sueño-vigilia.

Tareas para hacer...

1. Mantener horarios regulares para ir a dormir y despertarse ayuda a regular el reloj biológico, favoreciendo un sueño más reparador.
2. Asegurarse de que el entorno de sueño sea cómodo, oscuro, ventilado y tranquilo puede mejorar la calidad del descanso.
3. Reducir la exposición a dispositivos electrónicos y estimulantes antes de acostarse puede facilitar la relajación y conciliar el sueño.
4. Limitar la siesta durante el día a no más de 30 minutos y evitar dormir en exceso puede ayudar a mantener un patrón de sueño más consistente por la noche.
5. Limitar la ingesta de cafeína y alcohol, especialmente en las horas previas a dormir, puede contribuir a un sueño más saludable.
6. La actividad física regular puede mejorar la calidad del sueño, pero es recomendable evitar el ejercicio intenso justo antes de acostarse.
7. Usar ropa de cama cómoda y acogedora, tener un colchón y una almohada apropiada es fundamental.
8. Desarrollar hábitos consistentes antes de acostarse, como leer un libro o tomar un baño tibio, puede señalar al cuerpo que es hora de dormir.
9. La cama debe estar destinada para dormir y la intimidad, hay que evitar su uso para el trabajo, comer o la recreación general.
10. Evitar el uso de somníferos o medicamentos para dormir, a largo plazo puede tener efectos secundarios y no aborda la causa real del trastorno del sueño.
11. Evitar los alimentos pesados, picantes o azucarados 4 horas antes de acostarse. Un refrigerio ligero antes de acostarse es aceptable.

12. La melatonina es una hormona que el cuerpo produce de forma natural, y que le indica al cerebro que es hora de dormir. La hora del día influye en el ciclo de producción y liberación de esta hormona; los niveles de melatonina aumentan naturalmente por la noche y disminuyen por la mañana. Por esta razón, los suplementos de melatonina, es una buena opción para regular el sueño.

13. La valeriana es una hierba nativa de Asia y Europa. Su raíz se utiliza comúnmente como un tratamiento natural para los síntomas de ansiedad, depresión y menopausia. La raíz de valeriana es también uno de los suplementos herbales más comúnmente utilizados para estimular el sueño.

14. El magnesio es un mineral inmerso en cientos de procesos del cuerpo, y es importante para la función cerebral y la salud del corazón. Además, puede ayudar a calmar la mente y el cuerpo, lo que facilita el sueño. Los estudios muestran que el efecto relajante del magnesio puede deberse en parte a su capacidad para regular la producción de melatonina. El magnesio es conocido por relajar los músculos e inducir el sueño. Revisa con tu médico el tipo de magnesio y la cantidad que deberías consumir.

15. La lavanda se puede encontrar en casi todos los continentes. Produce flores de color púrpura que, cuando se secan, tienen una variedad de usos domésticos. La fragancia relajante de la lavanda mejora el sueño. Simplemente oler aceite de lavanda poco antes de dormir puede ser suficiente para mejorar la calidad del sueño. Este efecto parece ser particularmente fuerte en las personas con insomnio leve, especialmente las mujeres y los jóvenes.

16. No es tan habitual, pero preparar una infusión de banano, banana o plátano (según el país) también ayuda a conciliar el sueño. Es un alimento rico en potasio y magnesio, ideales para relajar los músculos del cuerpo. Corta los extremos de la fruta y ponla a hervir sin pelar en dos tazas de agua durante un cuarto de hora.

Hijos

Los hijos, desde una perspectiva psicológica, representan un área de estudio fascinante y compleja que involucra diversos aspectos del desarrollo humano. La relación entre padres e hijos desempeña un papel crucial en la formación de la identidad, la personalidad y las habilidades sociales de los individuos.

Desde la infancia hasta la adolescencia, el vínculo entre padres e hijos se convierte en un terreno fértil para la exploración de patrones de apego, desarrollo emocional y aprendizaje.

En las primeras etapas del desarrollo, la teoría del apego de John Bowlby destaca la importancia de la figura de apego en la formación de una base segura para la exploración del mundo.

Los padres, al proporcionar cuidado, afecto y seguridad, influyen en la forma en que los niños establecen relaciones futuras y gestionan sus emociones. Los psicólogos también han explorado cómo las experiencias tempranas pueden afectar la autoestima y la percepción de uno mismo a lo largo de la vida.

El proceso de socialización es otro aspecto crucial del desarrollo infantil. Los hijos aprenden normas sociales, valores y habilidades de afrontamiento a través de la interacción con sus padres y el entorno familiar.

La psicología del desarrollo destaca la importancia de un ambiente familiar que brinde apoyo emocional y fomente la autonomía gradual, permitiendo a los niños desarrollar habilidades para la toma de decisiones y la resolución de problemas.

A medida que los hijos entran en la adolescencia, el vínculo con los padres experimenta transformaciones trascendentales. La búsqueda de autonomía y la identidad propia pueden generar tensiones en la relación, pero también ofrecen oportunidades para el crecimiento individual. Los psicólogos enfatizan la importancia de la comunicación abierta y el respeto mutuo durante esta etapa crítica, para facilitar una transición exitosa hacia la edad adulta.

La psicología familiar también examina cómo las dinámicas familiares afectan a cada miembro, incluidos los hijos. Los roles familiares, las expectativas y las estrategias de afrontamientos pueden influir en la salud emocional de los niños.

La terapia familiar se convierte en una herramienta valiosa para manejar conflictos, mejorar la comunicación y fortalecer las relaciones dentro del núcleo familiar.

Recomendaciones...

1. Poner límites basados desde el amor y no el castigo o la violencia; aunque no se empleen métodos de castigo, esto no significa que el niño puede hacer lo que quiera. Por el contrario, los límites funcionan como control, pero desde la enseñanza y reflexión, enseñándole al niño que es debido hacer y que no, pero siempre hablando desde el amor y el respeto y sin poner límites de represión.
2. Saber entender sus emociones y expresiones, además dar respuesta a sus necesidades, emocionales, afectivas y de comunicación. Por ejemplo, si un niño llora, no intentes eliminarle el llanto, indaga que le pasa, valida su emoción y ayúdalo a solucionar el problema.
Lo que se busca es que el niño resuelva la situación por la cual está llorando y no que deje el llanto a un lado solo porque sí.
3. Llenarse de paciencia, porque criar hijos no es fácil, pero si lo haces con amor, comprensión, empatía, seguro será mucho más sencillo.
4. Fomentar el respeto mutuo establece las bases para vínculos enriquecedores. Reconocer la autonomía de los hijos y al mismo tiempo mantener la autoridad parental contribuye a un equilibrio adecuado.
5. Escuchar activamente y definir el problema. Es esencial que ambas partes se involucren en buscar soluciones al problema, dejando claros sus puntos de vista y respetando la opinión ajena. Además de Reflexionar y delimitar claramente el conflicto.
6. Reflexionar en la propia conducta. Que comportamiento estás llevando a cabo (gritos, reproches, castigos, etc.). Y reflexiona el modo en que éstas influyen en el conflicto, ¿ayudan a mejorar la situación y llegar a un acuerdo o por el contrario empeoran la situación?

7. Comunicación asertiva. Explícale tu punto de vista de forma razonada y escucha su punto de vista, intenta ponerte en su lugar, trata de entenderlo.
8. Emplear técnicas de negociación. Ofrecerle varias alternativas, de este modo será él quien escoja y no entrará en conflicto.
9. Dejar la furia y el orgullo de lado. Tener en cuenta el objetivo. El objetivo es buscar una solución. La comunicación es la base para la resolución de conflictos.
10. Expresar los sentimientos en un clima de aceptación y comprensión. Si en algún momento no se comunican los sentimientos, se juzga o se cambia de dirección hacia el beneficio de uno mismo sin tener en cuenta los sentimientos del otro, entonces es cuando se puede poner en peligro una relación adecuada entre una parte y otra.
11. Enfocarse en encontrar soluciones en lugar de culpabilizar puede transformar los conflictos en oportunidades para el crecimiento y la resolución conjunta.
12. Entender que, por el simple hecho de ser adulto, no tienes que imponer tu voluntad.
Aceptar y celebrar la individualidad de cada hijo contribuye a un ambiente familiar más positivo. Reconocer sus intereses, fortalezas y debilidades ayuda a construir una relación más sólida.
13. Dedicar tiempo de calidad juntos fortalece los vínculos emocionales. Establecer momentos para actividades compartidas crea recuerdos positivos y refuerza la conexión afectiva.
14. Los desafíos en la relación con los hijos pueden ser oportunidades para aprender y crecer. Reflexionar sobre las experiencias, tanto positivas como negativas, puede contribuir a mejorar la dinámica familiar.

Abuso reactivo

El abuso reactivo se refiere a un patrón de comportamiento en el cual una persona responde agresivamente o de manera abusiva en reacción a situaciones estresantes o provocaciones. Este tipo de conducta puede manifestarse en diversos ámbitos de la vida, como relaciones personales, familiares, laborales o sociales. En ocasiones, el abuso reactivo está vinculado a dificultades para manejar el estrés y las emociones de manera saludable.

Cuando hay una situación de abuso reactivo, los agresores suelen escudarse en las debilidades de la víctima. De ahí que trata de persuadirla para que crea que todo ha sido un error de percepción de su parte. El abusador la hace dudar y finalmente consigue que asuma la culpa.

Básicamente el victimario insiste tanto en alguna vulnerabilidad de la víctima, que esta termina explotando y allí es donde el victimario triunfa, pues confirma su teoría.

Los abusadores te ponen a prueba para medir tu reacción a lo que hacen. Siempre empiezan de a poco y van escalando las cosas de acuerdo a tus límites y tus reacciones o tus respuestas ante sus provocaciones, que cada vez son menos sutiles. Luego, el abusador se enfocará en tu reacción a su abuso en vez del abuso que tuvo lugar.

Les fascina verte enojado, desperdiciando la mayor parte de tu tiempo y tu energía dando vueltas y vueltas, sobre todo cuando intentas reivindicarte. Ahora también puede ocurrir que te engañen para que reacciones emocionalmente de una forma positiva, alimentando al narcisista con suministro narcisista positivo. A menudo sólo escuchamos sobre las reacciones emocionales que las víctimas tienen ante los aspectos de devaluación del abuso, y es importante mencionar los aspectos de idealización del abuso porque también tienen que ver con las provocaciones y las reacciones emocionales. Aquí es donde caes en la trampa del bombardeo de amor o la idealización y no te das cuenta que se trata de algo hueco, vacío, falso y superficial.

La provocación es una de los elementos más importantes para un abusador. Puede estar hecha de palabras, acciones e incluso hasta inacciones. Por ejemplo, te acusan falsamente de ser algo que no eres o de haber hecho algo que no hiciste. Podría ser una proyección, como cuando mencionas algo que están haciendo o diciendo y le dan la vuelta diciendo que tú eres quien se lo está haciendo a ellos, lo cual sabes que es mentira, pero acabas defendiéndote (generalmente de manera explosiva), perdiendo horas de tu tiempo y energía sin resolver nada, tan sólo para sentirte exhausto y agotado, lo cual te convierte en una presa más fácil.

Por supuesto que su trampa no acaba ahí; se la van a pasar recordándote las cosas, diciéndole a todo mundo lo que saben de ti y avergonzándote frente a ellos.

Una vez que reaccionas, ellos ofrecen la solución hacia la cual te llevaron con sus manipulaciones. Esta solución podría ser que, luego de hacerte sentir culpable, acabas disculpándote por una situación que ellos crearon y de la que además son responsables.

O quizá te chantajeen para que cumplas sus exigencias y los tranquilices con tal de evadir conflictos a expensas de tu paz y bienestar. Quizá te hayas fijado que los adulas y te vuelves complaciente conforme satisfaces sus caprichos y sus deseos. Tal vez les tengas miedo, así que les das más control pensando que así te van a cuidar y proteger.

El abuso reactivo marca para siempre, tanto para el individuo que muestra este comportamiento como para aquellos que son objeto de su agresión, puede generar un ciclo destructivo de relaciones interpersonales. La persona que ejerce el abuso puede experimentar sentimientos de culpa, remordimiento y aislamiento social, contribuyendo a la deterioración de su bienestar emocional. Para quienes son víctimas del abuso, la situación puede generar ansiedad, depresión y afectar negativamente su autoestima.

Y para que sepas que hacer...

1. Aplica la técnica de la Piedra Gris (mostrarte parco, seco, sin emociones positivas ni negativas, sin una opinión concreta, desinteresado, poco interesante). También se trata de hacer una breve pausa para responder desde un estado empoderado de auto-control en vez de reaccionar emocionalmente. Se trata de no morder el anzuelo ni caer en provocaciones explícitas o encubiertas. Se trata de que asumas plena responsabilidad sobre ti y sobre tu integridad para que puedas seguir sintiéndote mejor contigo después.

2. Reaccionar es entregar tu poder y responder es empoderarte para evitar caer en la trampa. Si aún crees que azotar puertas, gritar, romper cosas y defenderte con palabras hasta el cansancio son muestras de poder, entonces aún no has aprendido lo que significa el empoderamiento.

Tu respuesta es tu responsabilidad. Cuando entiendes que al reaccionar entregas tu poder, ya eres capaz de comprender cómo puedes conservar ese poder. Así que conserva la calma.
3. Finge que no notaste la provocación y respira. Respira 3 veces. Esto te dará un poco de tiempo y distancia para que estés más presente. Actúa como si fuera cualquier cosa, que no te incomodó en lo absoluto y ni cuenta te diste de sus juegos de provocación.
4. No los persigas. No los contactes. Actúa como si no te hubieras dado cuenta que no están allí y que no se están comunicando contigo. Ocúpate en ti y en tus cosas. Cuando te contacten de vuelta, actúa como si no fuera la gran cosa y tampoco les respondas de inmediato. Deja que saturen tu teléfono con mensajes y respóndeles cuando se te antoje.
5. No te pongas a la defensiva. No internalices las cosas. En vez de eso, recuérdate en voz baja que son mentiras y aduéñate de tu realidad. Di algo como: "Lamento que veas así las cosas".
6. Recuerda que las explicaciones para los manipuladores sólo son invitaciones para negociar tus límites. No olvides que la única razón por la que lo hacen es para manipularte de forma encubierta para que salgas de tus límites.
7. Concéntrate en tu cuerpo. Observa la emoción en tu cuerpo. ¿Cómo se siente? ¿Dónde está en tu cuerpo? Esto te ayuda a frenar tu reacción instintiva. Entre más presente estés, más recursos tendrás disponibles.
8. Pregúntale a la parte lógica de tu cerebro: ¿Cuáles serían las consecuencias si reacciono así? Si no quieres reaccionar de la misma forma que te acaba metiendo en problemas una y otra vez, entonces elige la otra opción que es responder.
9. Reflexionar sobre experiencias pasadas de abuso reactivo y aprender de ellas puede ser un catalizador para el cambio.

Identificar patrones recurrentes y trabajar en su modificación es esencial.

Heridas de infancia

Las cinco heridas de la infancia, propuestas por la psicóloga y terapeuta Lise Bourbeau, son una conceptualización que busca entender y comprender las experiencias emocionales y traumáticas vividas durante la infancia. Estas heridas, según Bourbeau, son el rechazo, el abandono, la humillación, la traición y la injusticia. Aunque es importante señalar que esta perspectiva no es universalmente aceptada en la psicología clínica, algunas personas encuentran útiles estas categorías para reflexionar sobre sus propias experiencias.

Podemos ver estas heridas en distintos aspectos de nuestra vida. Quizás aparecen en nuestras relaciones, en emociones que nos es difícil controlar, o en los pensamientos que tenemos sobre nosotros mismos. Es importante recordar que TODOS tenemos estas heridas. No tenemos que haber tenido una infancia sumamente dolorosa para que estén. Surgen a partir de cualquier experiencia difícil, porque tuvimos padres imperfectos y porque no hay manera de salir ilesos de nuestros primeros años de vida.

Rechazo: La herida del rechazo se genera cuando un niño siente que no es aceptado o amado tal como es. Esto puede resultar en una búsqueda constante de aprobación externa y en la dificultad para establecer límites en la vida adulta.

Se puede reflejar con los siguientes patrones:
- Buscar la perfección: Tratar de no equivocarnos y nunca ser criticados.
- Ser complacientes: Evitar desagradar a las personas para que nunca se molesten con nosotros.
- No ser auténticos en nuestras relaciones: En el intento de buscar agradar podemos tender a adaptarnos mucho a las personas para ser queridos.

Abandono: La herida del abandono se produce cuando un niño siente que ha sido dejado solo o desatendido emocionalmente.

El abandono se refiere a experiencias de soledad profunda. Puede ser porque una de las figuras parentales no estuvo presente o porque no hubo una conexión emocional verdadera.

Si bien, actualmente se puede comprender, qué estaba pasando realmente con nuestros cuidadores, en la niñez es probable que estas experiencias se tomen de manera personal. Nos puede llevar a desarrollar patrones como:
- Tener una gran necesidad de aceptación: Podemos estar muy preocupados por la percepción que los demás tienen de nosotros. Incluso, más preocupados por cómo nos ven que por cómo nos sentimos en esa relación.
- Hiper independencia: El depender de otros puede dar miedo, por lo que podemos preferir mantener cierta distancia en nuestras relaciones. Por ejemplo, al cuidar a otros emocionalmente, pero evitar que ellos nos cuiden.
- Minimizar la importancia de las personas en nuestra vida: Puede suceder que por miedo a que nos dejen, nos encontremos fingiendo que las personas en nuestra vida no nos importan tanto, que nos da igual si están o si no quieren estar. Incluso, podemos tener la tendencia a salir de una

relación de manera anticipada, por miedo a que la otra persona nos deje.

Humillación: La herida de la humillación se forma cuando un niño experimenta críticas constantes, menosprecio o vergüenza. Se refiere a experiencias en las que los cuidadores dieron el mensaje de que éramos "insuficientes", "malos", o que algo en nosotros era "inaceptable" o no merecedor de amor. Nos puede llevar a desarrollar patrones como:

- Tener dificultades con el disfrute: Podemos sentir miedo frente a las emociones agradables, quizás pensar que no las merecemos o que habrá una consecuencia.
- Tener baja autoestima: Podemos sentir que no nos merecemos cosas buenas, que no tenemos valor o que somos inferiores a los demás. También, puede aparecer una tendencia narcisista para compensar la baja autoestima.
- Tener dificultades con el autocuidado: Podemos no sentirnos merecedores de autocuidado, lo que se puede evidenciar en una falta de atención a nuestro cuerpo y necesidades emocionales.

Traición: La herida de la traición surge cuando un niño experimenta la pérdida de la confianza, ya sea a través de la mentira, la traición emocional o la falta de cumplimiento de promesas. Se refiere a experiencias en las que alguien importante en nuestra vida realiza una conducta que rompe nuestra confianza o interfiere con nuestro bienestar. Se da con personas con las que hay una dependencia, especialmente en el caso de los cuidadores en edades tempranas, pero también se puede dar en la adultez en relaciones cercanas. Nos puede llevar a desarrollar patrones como:

- Control: Podemos tener el deseo de influir en la vida de los demás, en sus decisiones y en su conducta.
- Percepción negativa de los demás: Quizás asumamos precipitadamente que los demás tienen malas intenciones.
- Percepción negativa y pesimista del mundo: Podemos asumir que el mundo es un lugar inseguro, complicado y que vamos a tener experiencias negativas frecuentemente.

Injusticia: La herida de la injusticia se forma cuando un niño percibe que ha sido tratado de manera injusta o desigual. Se refiere a la experiencia de haber tenido cuidadores fríos y autoritarios. Quizás solo nos dieron afecto a partir de nuestros logros, por lo que hubo una necesidad de "actuar" para recibir amor. Nos puede llevar a desarrollar patrones como:

- Miedo a perder el control: Podemos buscar mantenernos controlados a toda costa. Que todo nos salga bien y no generar problemas.
- Dureza: Podemos exigirle demasiado a nuestro cuerpo. Quizás no evidenciamos el sentirnos mal, el estar cansados, así como el tener dificultades emocionales. Podemos querer mostrarle al mundo que todo siempre está bien.
- Búsqueda de poder y logro: Al haber recibido afecto cuando lográbamos algo, podemos mantener esta tendencia, teniendo expectativas muy altas para nosotros mismos.

La presencia de estas heridas, contribuyen en problemas como la ansiedad, la depresión, la baja autoestima y patrones de relación disfuncionales.

Así puedes empezar a curar tus heridas...

1. Recuerda que solo sanamos cuando sentimos, y lo que resistimos, persiste. Y cuando finalmente nos damos la oportunidad de conectar con el dolor, validarlo y procesarlo es cuando las cosas realmente cambian.
2. Es importante dignificar la herida, ver y aceptar esa realidad, incluso entender que nuestros padres probablemente pasaron por situaciones similares con heridas muy parecidas. Podemos desarrollar sentimientos de compasión hacia ellos.
3. Sé que no es fácil mirarse a uno mismo, que se activan defensas, miedos y resistencias que lo impiden. Puede que sea más sencillo cerrar los ojos al alma para no ver sus heridas, porque duelen demasiado. Pero taparlas con máscaras no las cura, solo las perpetúa. Una vida de apertura a la consciencia, abriéndonos a ver, a sentir, a identificar, a aceptar y con todo ello sanar, puede que no sea el camino más corto, pero sí el que te llevará más lejos.
4. A pesar de cuánto pueda llegar a ser doloroso y complicado este paso, debes aceptar esa herida. Aceptar tu herida te permitirá identificar las situaciones que te hieren y poder experimentar las emociones que se presentan.
Cuando llegues a este punto, ya tendrás una buena base para empezar tu proceso de sanación.
5. Una vez identificada y aceptada, debes responsabilizarte de tu herida. Esto significa perdonarte y dejar de esperar a que los demás te salven. En este momento tienes que aprender a sobreponerte a tu herida, desde el cuidado y la comprensión.

6. En el proceso de sanar una herida va a ser normal que sientas algunas emociones, por ejemplo, es normal sentir enfado, decepción, frustración y tristeza cuando piensas o estás con las personas que crearon esa herida.

Normaliza sentir estas emociones. No querer sentirlas porque sientes que "está mal", solo agravará la herida y te llevará a un estado de resentimiento y odio.

7. Reconectar con lo que causó dolor. Siempre con cautela y poco a poco, traer al presente las sensaciones tanto físicas como emocionales para poder aclarar los detalles de lo pasado y así poder afirmar que no es una falsa memoria y que sí nos causó daño.

Pensamientos intrusivos

Los pensamientos son ideas que vienen a nosotros constantemente sobre algo que nos interesa o que nos preocupa. Algunas veces le damos poder a estos pensamientos y nos acaban por dominar, esto es cuando hablamos de situaciones que ocurrieron o pueden ocurrir (pensar en el futuro lo cual nos genera ansiedad), al hacerlo estamos creando un impacto emocional en nosotros mismos que nos acaba afectando corporalmente.

Nuestros pensamientos tienen efectos bioquímicos en nuestro cuerpo, y dependiendo de estos puede ser que aumenten sustancias como la adrenalina, serotonina, dopamina, etc., y esto repercuta en nuestra vida.

Es importante ser consciente de nuestros pensamientos y prestar atención sobre cómo afectan nuestro cuerpo. Hay que recordarnos constantemente que lo único que tenemos es el AQUÍ y el AHORA, el presente; y de nosotros depende lo que queremos pensar, eso sí está en nuestro control; el mismo trabajo nos cuesta pensar en algo bueno o positivo, que en una tragedia. Pensar en el pasado en ocasiones nos genera nostalgia, tristeza; y pensar en el futuro muchas veces genera ansiedad, por lo que hay que aprender a vivir HOY.

En diferentes ocasiones, nuestra mente se puede convertir en un verdadero problema para nosotros mismos, pues los pensamientos que no podemos controlar pueden afectarnos de forma negativa. Esta clase de pensamientos negativos son llamados pensamientos intrusivos.

Los pensamientos intrusivos son pensamientos no deseados, no solicitados y persistentes que aparecen en la mente de manera involuntaria. Pueden abarcar una variedad de temas, desde preocupaciones cotidianas hasta pensamientos más intensos o perturbadores. Estos pensamientos pueden ser molestos, angustiantes y, en algunos casos, desencadenar ansiedad.

Los pensamientos intrusivos, también pueden asomar cuando nos vemos en la situación de tener que tomar una decisión y no saber qué elegir dentro de las posibilidades. Le damos vueltas durante días, meses o incluso años cayendo en la trampa de la obsesión inmovilizadora, sin darnos cuenta de que no decidir ya es decidir.

La presencia constante de pensamientos intrusivos afecta de diversas maneras. Pueden generar estrés, interferir con la concentración, causar ansiedad y afectar la calidad del sueño.

Para algunas personas, estos pensamientos pueden ser tan intensos que afectan su capacidad para disfrutar de la vida cotidiana y realizar actividades diarias.

Pueden ser "normales" como pensar sobre si no se cerró correctamente la puerta de la casa al salir o preocupaciones excesivas por estar expuesto a gérmenes. O pueden ser tan perturbadores como, pensamientos sobre abusar sexualmente de alguien, ideas sobre empujar a alguien hacia un colectivo, tren, coche o metro, o fantasías sobre saltar desde un punto alto.

Los pensamientos intrusivos como su nombre indica son pensamientos involuntarios e incluso repetitivos que pueden llegar a ser molestos e inapropiados. Son ideas o imágenes que vienen de forma automática e involuntaria. El problema es que estos pensamientos pueden ser muy perturbadores y pueden interferir en la vida diaria de una persona.

Prácticamente todo el mundo tiene este tipo de pensamientos y no pasa nada. Sucede a todas las edades, así que hay que aprender a reconocerlos y procesarlos como lo que son. No se puede pasar por alto, que tener pensamientos intrusivos no significa necesariamente que alguien tenga un trastorno mental, ya que muchas personas pueden tener pensamientos no deseados en algún momento de sus vidas.

Ahora bien, si estos pensamientos intrusivos se vuelven persistentes y causan angustia, es importante buscar ayuda profesional para manejarlos adecuadamente. Cuando tienen mucha carga negativa pueden llegar a ser más peligrosos para nuestro bienestar. Por ejemplo, en personas que no están bien equilibradas emocionalmente, personas con ideas suicidas, niños que llegan a pensar que son malas personas, etc.

Hay muchos factores que influyen en la aparición de dichos pensamientos, algunos son:
- Trauma, estrés y eventos importantes de la vida. Por ejemplo, las mujeres pueden tener pensamientos intrusivos después del nacimiento de un hijo.
- Experiencias traumáticas pasadas, como un accidente o una agresión.
- Anomalías en la regulación de neurotransmisores en el cerebro como la serotonina, la dopamina o el glutamato.
- Anomalías en la estructura cerebro.
- Trastornos neurológicos como la demencia y la enfermedad de Parkinson.

Cómo puedes reemplazarlos...

1. Descubrir y aceptar que tú no eres tus pensamientos. Tú no decides lo que llega o no a tu mente, pero puedes seleccionar lo que te interesa y quieres quedarte.

2. Cuando aparezca el pensamiento no sirve de nada luchar contra él, pues se hará más fuerte. Investiga por qué aparece eso en tu mente y luego decide si te conviene centrarte en él. Es un ejercicio que requiere de esfuerzo y entrenamiento, y es normal que al principio veas que los resultados no son los esperados o que te cuesta mucho desvincularte. Si trabajas de forma constante descubrirás que acaban por perder fuerza y desaparecer.

3. Realización de ejercicios que fomenten la concentración, la atención y el autocontrol.

4. Entrenar tu mente en técnicas como la meditación, yoga o Mindfulness te servirá para ganar autocontrol sobre tus propios pensamientos y aprenderás a focalizar tu atención en otras áreas cuando los pensamientos recurrentes aparezcan.

5. Identificar y desafiar patrones de pensamiento negativos puede ser útil. Trabajar con un terapeuta para cambiar la percepción de los pensamientos intrusivos puede contribuir a una perspectiva más equilibrada.

6. Mantener rutinas diarias puede proporcionar estructura y previsibilidad, ayudando a reducir la ansiedad asociada con los pensamientos intrusivos.

7. Aceptar la presencia de pensamientos intrusivos sin juzgarlos puede ser un paso crucial. La aceptación no significa aprobación, pero puede disminuir la carga emocional asociada con estos pensamientos.

8. Practicar técnicas de respiración profunda puede ayudar a reducir la ansiedad asociada con pensamientos intrusivos. La respiración consciente puede brindar un ancla en el presente.

9. Identificar patrones recurrentes en los pensamientos intrusivos puede ayudar a comprender mejor su origen y conocer las preocupaciones que nacen de ellos.

10. Los pensamientos son energía, y es mucho más fácil controlarlos cuando hemos liberado el exceso de energía que nuestro cuerpo genera. Por ello realizar ejercicio físico de forma diaria nos ayudará a tener una mente más clara y relajada y a que la intensidad de los pensamientos recurrentes se reduzca.

11. Si estás teniendo pensamientos intrusivos negativos, trata de desafiarlos con pensamientos más realistas y positivos. Por ejemplo, si estás pensando que algo terrible va a pasar, intenta recordarte a ti mismo que no hay evidencia de que eso suceda o analiza las probabilidades de que ocurra de forma objetiva.

12. En casos más graves o cuando los pensamientos intrusivos interfieren con la calidad de vida, buscar ayuda profesional es fundamental.

La terapia psicológica puede proporcionar un espacio seguro para explorar estos pensamientos de manera más profunda.
13. Practica repetir afirmaciones y pensamientos positivos, cuanto más puedas mejor, tu cerebro irá reemplazando la información que está implantada.

Comparación

La comparación es un fenómeno común que nos lleva a medir nuestras propias habilidades, logros o características personales en relación con los demás. Aunque es natural compararse con los demás en ciertas situaciones, cuando se convierte en un patrón constante y negativo, no termina siendo tan agradable.

Uno de los motivos por el que nos comparamos es para darnos cuenta de aquellas cosas que nos gustaría tener o alcanzar. El problema es que la propia comparación no nos permite valorar aquello que hemos logrado o aquello que tenemos, pues minimizamos nuestros propios éxitos a través de la comparación. Cuando nos comparamos lo hacemos desde la parte más visible y superficial, pero no tenemos en cuenta qué hay debajo. Es decir, en las comparaciones muchas veces no aplicamos la regla de "en igualdad de condiciones". Al no tener en cuenta todos los elementos propios y de la otra persona, no nos permite ver que quizás la otra persona tenga determinadas fortalezas o habilidades que yo no tengo, pero que yo tengo otras que el de enfrente no tiene.

A día de hoy las redes sociales han generado una gran incidencia con respecto a la conducta de compararnos. Estas nos muestran la mejor cara de todos nuestros contactos, y esto puede llevar a determinadas personas a considerar que su vida no es igual de buena que la de otras personas, por ejemplo.

La comparación constante puede desencadenar sentimientos de inferioridad, insuficiencia o envidia. La era de las redes sociales, donde las vidas de las personas se presentan en su mejor luz, ha intensificado este fenómeno, llevando a la llamada "comparación social". Las personas tienden a hacer brillar los aspectos positivos de sus vidas en plataformas sociales, lo que puede generar percepciones distorsionadas y aumentar la sensación de insatisfacción en quienes comparan constantemente sus vidas con las de los demás.

Nuestra mente compara lo que es con lo que creemos que debería ser y la sensación continua de que hay algo que falta, genera sentimientos de carencia y de distanciamiento de los demás.

En cierto modo, la comparación genera una competitividad que no es sana, pues nos lleva a infravalorarnos o a ponernos por encima de los demás. El problema de la comparación es que no nos permite valorar aquello que hemos conseguido o aquello que tenemos, sino que contribuye a que minimicemos nuestros propios éxitos, resultando dañina para nosotros y para nuestra autoestima: nos lleva a rechazar quiénes somos y no nos ayuda a mejorar en aquello con lo que no estamos conformes.

Al compararnos, sea cual sea nuestra posición, sufrimos. Si estamos continuamente ansiando lo que tienen los demás nunca tendremos suficiente.

Resulta un círculo vicioso que aboca a la infelicidad y a la sensación permanente de no estar dónde tendría que estar y de no ser quién tendría que ser.

Ya sea que nos relacionemos con los demás desde la infravaloración o desde la superioridad, adoptamos ese rol perdiendo autenticidad, pues hay algo que tengo que esconder, ya sea el sentimiento de estar por debajo o por encima, y no muestro mi verdadero yo. Esto nos impide construir relaciones sólidas, de corazón a corazón, y nos hace llenar la vida de relaciones superficiales construidas por necesidad o conveniencia, al mismo tiempo que nos sentimos incomprendidos o desconectados.

Al compararnos, dejamos de vivir en la realidad y dejamos de vernos como somos, pues tenemos una idea de cómo se supone que debe ser nuestro presente y una imagen de cómo se supone que debemos ser. Ponemos la lupa en la carencia y acabamos pensando que algo en nuestra vida no ha ido bien o que algo en nosotros no está bien.

Eres único y singular como para poder comparte, Tus talentos, habilidades, éxitos, contribuciones y las maneras de hacer todo esto solo pertenece a ti, no pueden ser comparados adecuadamente con nadie más.

No tienes nada qué ganar, pero sí mucho que perder. Al compararte descuidas tus propias capacidades y a la larga terminas perdiendo tu seguridad, tu dignidad y tu pasión.

Las comparaciones te roban tu tiempo, no es comparándote con alguien que consideras mejor que vas a mejorar en tu persona. Al juzgar, nos enfocamos en lo que no tenemos (y nos imaginamos que al tenerlo seríamos mejor) en lugar de enfocarnos en lo que tenemos y podemos fortalecer.

Las comparaciones no tienen fin. Aunque logres tener éxitos, siempre habrá otras personas más en las qué enfocarte. La comparación coloca la mira en la persona equivocada, ten presente que solo puedes cambiar una vida, la tuya, precisamente es a través de alinear tus esfuerzos en ti mismo, que vas a poder lograr algún cambio.

Como puedes salir de esto...

1. Identificar en qué momentos te comparas: ¿cuándo te comparas con los demás? ¿En qué contextos lo haces? ¿Cuál es el objetivo que quieres conseguir a través de la comparación?
2. Ser consciente del malestar y el daño que la comparación genera. ¿La comparación te ayuda a lograr aquello que quieres o te limita?
3. Es importante observar toda tu historia. Esto te permitirá ser más justo contigo mismo y entender por qué no has logrado determinado objetivo, así como valorarte a ti y a todo lo que has logrado.
4. Parar y mirar quién eres tú y todo lo que has conseguido. Centrarte únicamente en lo que te falta no te permite disfrutar de lo logrado. No obstante, es importante tener en cuenta que te gustaría conseguir. Todos aquellos objetivos que uno se proponga es importante que surjan de uno mismo y no de la comparación externa.
5. No tienes que competir con nadie. Al fin y al cabo, la comparación nos lleva a una carrera dañina con los otros.
6. Es importante la compasión y aceptación con uno mismo.
7. Practicar la gratitud por nuestras propias experiencias y logros puede contrarrestar la envidia y promover una perspectiva más positiva.

8. Reconocer que las redes sociales pueden presentar una versión idealizada de la realidad de los demás ayuda a desmitificar las comparaciones y reducir la presión autoimpuesta.

9. Centrarse en el proceso de crecimiento personal y aprendizaje, en lugar de solo en los resultados finales, puede cambiar la perspectiva hacia una más positiva y menos competitiva.

10. Reconocer que cada persona tiene su propio viaje, desafíos y logros puede fomentar la empatía y disminuir la tendencia a compararse de manera destructiva.

11. Reducir la exposición a fuentes de comparación constante, como las redes sociales, puede ayudar a disminuir la influencia negativa en la autoimagen.

12. Concéntrate en la manera en que puedes contribuir positivamente a la vida de los demás. Evidentemente tienes muchas cosas que aprender, en la medida en que, como los demás, no eres perfecto. Sin embargo, no es comparándote ni sintiéndote mal que vas a fortalecer eventualmente tus debilidades. El primer paso para hacer esto es confiando en ti mismo y en tus capacidades. Esfuérzate en hacer cosas positivas que te hagan sentir bien contigo mismo, y verás que, sin darte cuenta, fortalecerás muchos aspectos de tu vida.

13. Date cuenta del hecho de que compararte con alguien más está ocasionándote dolor, y que este dolor lo estás decidiendo tú mismo. La persona con la que te comparas está dirigiendo su vida a su manera e ignora que te comparas constantemente con ella. El dolor que sientes te lo haces tú solo, y es completamente innecesario.

14. Es claro que nadie es perfecto, y que tú tampoco lo eres. Sentirte mal al compararte con los demás es signo de que no tienes suficiente humildad para aceptar que puedes aprender de alguien más.

Puedes intentar en desarrollar una actitud de aprendizaje. Utiliza la comparación para inspirarte. Si tienes una actitud de aprendizaje y de gusto hacia la comparación, puedes aprender muchas cosas, y dejar de tener un problema. Si experimentas malestar al compararte es probable que te enfoques en competir y no en aprender.

Trastornos alimenticios

Los trastornos alimenticios son momentos que involucran comportamientos alimentarios y actitudes hacia la comida, el peso y la imagen corporal. Estos trastornos afectan tanto la salud física como la mental, y requieren intervención profesional. Algunos de los principales trastornos alimenticios incluyen la anorexia nerviosa, la bulimia nerviosa y el trastorno por atracón.

Los trastornos alimenticios no se producen de la noche a la mañana; pueden desarrollarse en el transcurso de meses o años. Como cualquier desorden, comienza de forma diferente para cada persona.

Para algunos, comienza con la pérdida de peso para sentirse mejor con su cuerpo; otros recurren a la comida para encontrar consuelo ante los problemas emocionales del día a día.

Una persona que supera un trastorno alimenticio es alguien que vive con libertad, ya no esclava de un número (los kg.) o un cuerpo perfecto, sino que acepta el envase con el que llegó a este mundo, entendiendo que lo más valioso es el contenido, es alguien que aprendió que sus éxitos no se miden por los resultados, sino que se esfuerza por disfrutar de los procesos.

Anorexia Nerviosa: Se caracteriza por la restricción extrema de la ingesta de alimentos y una preocupación obsesiva por el peso y la forma corporal. Las personas con anorexia nerviosa suelen tener una percepción distorsionada de su cuerpo y tienen miedo intenso de ganar peso, incluso si están peligrosamente delgadas.

Bulimia Nerviosa: Involucra episodios regulares de ingesta excesiva de alimentos seguidos por comportamientos compensatorios, como el vómito auto inducido o el uso excesivo de laxantes. A diferencia de la anorexia, las personas con bulimia pueden tener un peso corporal normal o incluso estar ligeramente por encima del promedio.

Trastorno por Atracón: Similar a la bulimia en términos de episodios de ingesta excesiva, pero sin los comportamientos compensatorios. Las personas con este trastorno pueden experimentar sentimientos de pérdida de control durante los atracones y comen rápidamente grandes cantidades de alimentos, incluso cuando no tienen hambre.

Factores de riesgo de los trastornos alimenticios:

Sexo y edad: las adolescentes y mujeres jóvenes tienen más probabilidades que los adolescentes y los hombres jóvenes de padecer anorexia o bulimia.

Aunque los trastornos alimentarios pueden ocurrir en un amplio rango de edad, generalmente se desarrollan en la adolescencia y a principios de la década de los 20 años.

Antecedentes familiares: la ocurrencia de los trastornos alimentarios es más probable en personas que tienen familiares con un trastorno alimentario.

Otros trastornos: las personas que padecen un trastorno de alimentación suelen tener antecedentes de trastorno de ansiedad, depresión o trastorno obsesivo-compulsivo.

La dieta y la inanición: las dietas son un factor de riesgo para desarrollar un trastorno de la alimentación. La inanición afecta al cerebro, cambiando su funcionamiento y pudiendo perpetuar las conductas alimentarias restrictivas, dificultando así el retorno a los hábitos alimentarios normales. Restringir la ingesta de comida también puede influir en los cambios de humor, la rigidez de pensamiento, la ansiedad y la reducción del apetito.

El estrés: ya sea que se trate de ir a la universidad, cambiar de residencia, conseguir un nuevo trabajo o un problema familiar o de relaciones, el cambio puede producir estrés, lo que puede aumentar el riesgo de sufrir un trastorno alimentario.

Los trastornos alimenticios pueden afectar de diversas maneras:

- **Ansiedad y Depresión**: Las preocupaciones constantes sobre la comida, el peso y la apariencia pueden contribuir a la ansiedad y la depresión.
- **Aislamiento Social**: Las personas con trastornos alimenticios, en su mayoría, evitan situaciones sociales que involucran comida, lo que puede llevar al aislamiento social y afectar las relaciones interpersonales.
- **Impacto en el Rendimiento Diario**: La obsesión constante con la comida y la imagen corporal puede afectar el rendimiento en la escuela, el trabajo y otras actividades diarias.

- **Riesgos Físicos**: La desnutrición y los comportamientos compensatorios pueden tener graves consecuencias físicas, como problemas cardíacos, daño gastrointestinal y compromiso del sistema inmunológico.

Eres más fuerte que lo que te pasa, así que...

1. Buscar la ayuda de profesionales, como psicólogos, psiquiatras y nutricionistas, es esencial. La terapia cognitivo-conductual (TCC) y la terapia nutricional son enfoques comunes.
2. El apoyo de familiares y amigos es fundamental. La comprensión y el aliento de quienes rodean a la persona afectada pueden ser cruciales en el proceso de recuperación.
3. Trabajar con un nutricionista puede ayudar a establecer patrones de alimentación apropiados y cambiar la relación con la comida.
4. Participar en terapias grupales puede ofrecer apoyo adicional y crear un sentido de comunidad entre quienes comparten experiencias similares.
5. Analizar las preocupaciones relacionadas con la autoestima, la imagen corporal y el perfeccionismo es esencial para una recuperación sostenible.
6. Establecer metas alcanzables en términos de la relación con la comida y la imagen corporal es crucial para mantener un enfoque positivo y sostenible en la recuperación.
7. Comparte los momentos de alimentación con alguien, procura siempre comer en compañía.

Consejos para padres...
- Proporciona el mejor ejemplo que puedas con tus propios hábitos de alimentación y ejercicio.
- Muéstrale a tu hijo que aceptas tu propio cuerpo. No te quejes de tu propio peso o te refieras a ti mismo como gordo o flaco.

- Muestra aceptación hacia diferentes formas y tamaños corporales. No critiques el peso o la apariencia física de otras personas.
- Enséñale a tu hijo que los medios de comunicación o las redes sociales, no son la vida real. Los medios solo muestran modelos delgados y personas "perfectas", cuando las personas reales vienen en todas las formas y tamaños.
- Evita comentar sobre el peso o la apariencia física de tu hijo.
- Proporciona muchas opciones de alimentos en tu hogar.
- Habla sobre los beneficios de la actividad física para mantenerse saludable y fuerte, no para perder peso.
- Desarrolla la autoestima y el respeto propio de tu hijo. Felicita a tu hijo por sus esfuerzos. Pide la opinión de tu hijo. Anímalo a explotar sus talentos e intereses.

Manipulación

La manipulación es un comportamiento interpersonal que lleva a influenciar o controlar a otros de manera sutil o engañosa para satisfacer los propios intereses. Puede manifestarse de diversas formas, como el uso de la culpa, la victimización, la mentira o la distorsión de la información.

La manipulación, conlleva a la acción deliberada y astuta sobre las percepciones, emociones y comportamientos de otras personas con el objetivo de obtener beneficios personales o control. Este comportamiento manipulador puede manifestarse de diversas maneras, desde tácticas sutiles hasta estrategias más evidentes y directas.

En el corazón de la manipulación se encuentra la habilidad de quien manipula para distorsionar la realidad, crear cuentos engañosos o explotar las vulnerabilidades emocionales de sus víctimas.

Los manipuladores utilizan tácticas como la gaslighting, donde socavan la percepción de la realidad de la víctima, haciéndola dudar de sus propias experiencias y juicios. También pueden recurrir a la victimización, presentándose a sí mismos como víctimas para generar simpatía y desviar la atención de sus verdaderas intenciones.

La manipulación puede surgir en diversas relaciones, desde lo interpersonal hasta lo profesional, político o incluso en entornos familiares. En contextos más íntimos, los manipuladores pueden explotar la confianza, erosionar la autoestima y minar la autonomía de sus víctimas. En entornos laborales, la manipulación puede manifestarse a través de tácticas de poder, engaños y juegos políticos con el fin de alcanzar objetivos personales a expensas de otros.

Esas personas manipuladoras, son muy comunes en nuestra sociedad actual. Dichos sujetos tienen grandes habilidades a la hora de distorsionar tus capacidades, haciendo que dudes de ellas y haciéndote sentir frágil o inferior. Esa distorsión le da fuerza a la hora de llevarte a su terreno y de convencerte de que no eres capaz de hacer algo o de que deberías seguir su consejo ya que a él todo se le da mejor que a ti.

De la misma manera, su fuerte es la explotación emocional, es decir, el manejo de tus emociones para conseguir que te sientas culpable (por algo que seguramente ni siquiera has hecho) y que por ello accedas a sus peticiones o intereses.

Manipular es sinónimo de poder, y por lo tanto, siempre quieren tener más, llegar más lejos, conquistar más almas. Alcanzar nuevos horizontes a costa de los demás. Cuando ven que sus habilidades les permiten (sin escrúpulos morales) alcanzar metas que por medios propios no podrían, se les llena el corazón de ambición y ansias de más, una adicción que les lleva inevitablemente a la eterna insatisfacción por lo logrado.

La manipulación no siempre es evidente y puede presentarse de manera sutil, haciendo que sea difícil de detectar. Los manipuladores despliegan una combinación de encanto, persuasión y astucia para lograr sus propósitos. La detección temprana y la conciencia de las tácticas manipulativas son cruciales para protegerse y mantener conexiones beneficiosas.

Las consecuencias de la manipulación pueden ser profundas y abarcar aspectos emocionales, sociales y psicológicos. Las víctimas pueden experimentar confusión, ansiedad, desconfianza y un golpe a su autoestima. Además, la manipulación puede erosionar la base misma de las relaciones, generando desconfianza y afectando negativamente el equilibrio psicológico de quienes la experimentan.

Para contrarrestar la manipulación, es esencial la autoconciencia y la capacidad de freno al manipulador. La educación emocional y el desarrollo de habilidades críticas para evaluar la información y las intenciones de los demás, son pasos importantes.

También es crucial fomentar relaciones basadas en la honestidad, la transparencia y el respeto mutuo. Al elevar la conciencia sobre la manipulación y fortalecer las habilidades de resistencia, se pueden construir cimientos sólidos para fortalecer las relaciones.

Algunas de sus características son:
- Son observadores y analíticos, presentan una alta capacidad para identificar las emociones de las otras personas, su vulnerabilidad, debilidad e inseguridad, y saber con quiénes pueden actuar.
- Tienen una tendencia a las reacciones agresivas e impaciencia a la hora de conseguir lo que se proponen.
- Tienden a las amenazas cuando no consiguen lo que quieren.
- Responsabilizan a los demás de sus reacciones emocionales y de las consecuencias de las mismas.
- Presentan dificultad para respetar los derechos de las otras personas, no aceptan un no por respuesta y toleran mal las críticas.
- Tienen la capacidad de conseguir que los demás hagan o realicen cosas sin apenas darse cuenta de la manipulación.
- La relación con estas personas es complicada, suelen generar miedo, angustia, culpabilidad o tristeza.
- Tienden a ignorar o no darle importancia a lo que los demás sienten y desean.

Algunas de sus técnicas más utilizadas:
- Estrategia de la culpa, es la más sutil y es el tipo de manipulación que puede pasar más desapercibida, se escucha más o menos así: "Con todo lo que he hecho por ti", "No puedes dejarme así, estoy sola, ¿no te das cuenta que estoy mal?", "Nunca me hubiera imaginado

que irías a actuar así, me estás decepcionando, tú verás lo que haces".
- Estrategia de la agresión. Es la más directa, utiliza el castigo y el objetivo es generar miedo: "Si no haces lo que te pido me voy", "Si sigues con esta actitud rompo la relación", "Si no me ayudas...".
- Estrategia de los regalos. Es la más difícil de detectar, se utilizan los regalos y las promesas para conseguir el objetivo, premiando o diciendo que se va a premiar, en el caso de que se haga lo que el manipulador quiere: "Si me acompañas al concierto te acompaño al médico", "Si sigues conmigo te prometo regalarte todo lo que quieras", "Si vienes conmigo a esa reunión, te prometo que vamos a pasar la navidad con tu mamá".

Y como no podrán contigo...

1. Gestiona tu estado emocional, toma consciencia, aprende recursos de identificación y análisis de tus emociones para así ayudarte a sentirte fuerte. Trabaja con tu autoestima, reduce tus inseguridades, cuídate, mímate, cuida como te hablas.
2. Reduce la culpabilidad, ante tus posibles errores responsabilízate buscando soluciones y aprendiendo de la experiencia.
3. Adelántate a las respuestas, prepárate las conversaciones, aprende de situaciones pasadas, analízalas y saca tus propias conclusiones, que te pueden ayudar a tener más recursos en la próxima conversación en la que te enfrentes con esa persona.
4. Céntrate en tu objetivo en las conversaciones, no te dejes enredar.

5. Ante la agresividad, ante las faltas de respeto, no entres en el juego, en este caso retira la atención, vete. Marca límites, hazte respetar.

6. En vez de defenderte pídele colaboración, intenta que se involucre en la resolución del problema, pídele ayuda "¿Y qué podemos hacer en esta situación?".

7. Aprende a ser asertivo. Comunícate sin defenderte, no te disculpes, no cedas, no te rindas. Haz todo lo contrario, entiende su punto de vista, valora que puede que tenga razón, le dejarás desconcertado y sin argumentos. Utiliza frases del tipo "Puede que tengas razón". "Entiendo que puedas pensar así". "Es probable que me esté equivocando". Esta técnica se llama "Banco de Niebla" y es una de las estrategias que se trabaja en el entrenamiento en habilidades sociales.

8. Intenta llegar a un acuerdo, a un entendimiento, pero esto sólo es posible si las dos partes están calmadas.

9. Mantente firme en tus opiniones, en tus decisiones, no des explicaciones. Si puedes utilizar cuantas menos palabras mejor, recuerda que los o las manipuladores emocionales son muy habilidosos y cuanta más información tengan más les facilitarás el darle la vuelta a tus argumentos y es probable que te convenzan o que te hagan dudar.

10. Utiliza el humor, ríete de la situación.

11. No te olvides de tus derechos básicos, te ayudarán a hacerte respetar y saber identificar en que momento no te los están respetando

12. Tómate tu tiempo para responder a sus demandas. Ellos suelen jugar con la presión para obtener respuestas inmediatas. No te permiten pensar y la presión hace que finalmente cedas a sus peticiones. Solo hay prisa para amar, para el resto, tómate tu tiempo.

Trastorno dismórfico corporal

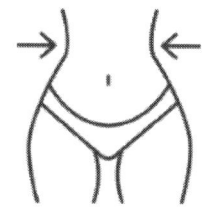

El trastorno dismórfico corporal (TDC) es una condición de que se caracteriza por una preocupación obsesiva y excesiva por defectos percibidos en la apariencia física, que a menudo son mínimos o inexistentes. Las personas con TDC pueden centrarse en cualquier parte del cuerpo, pero comúnmente se obsesionan con la piel, la nariz, el cabello o el peso.

Todo a nuestro alrededor se centra en la belleza, desde los anuncios hasta las revistas, las redes sociales y las películas. Incluso, las hermosas modelos están retocadas para que se las vea "perfectas", en cierta manera inalcanzables. Las personas pueden aplicar fácilmente filtros a sus selfies y eliminar incluso las imperfecciones más leves. De esta manera, nuestra sociedad refuerza la necesidad de ser bello.

Las personas con TDC se centran tanto en la percepción de sus "defectos" que se sienten amenazados por ellos. No pueden controlar los pensamientos negativos a pesar del deseo de hacerlo, lo que les provoca angustia y un deterioro considerable del funcionamiento personal.

De hecho, muchas personas con TDC sienten que se les define por la percepción de aquello que ellos llaman defecto. Con el paso del tiempo, estas personas llegan a aislarse socialmente, no se atreven a salir del domicilio por temor a ser vistas, juzgadas o ridiculizadas por los demás.

Los aspectos del trastorno dismórfico corporal puede incluir:

- Estar extremadamente preocupado por un defecto percibido en la apariencia que los demás no pueden ver o que parece poco importante
- Estar convencido de que tienes un defecto en tu apariencia que te hace feo o deforme
- Creer que los demás ponen especial atención en tu apariencia de una manera negativa o se burlan de ti
- Tener comportamientos dirigidos a arreglar u ocultar el defecto percibido que son difíciles de resistir o controlar, tales como mirarse frecuentemente el espejo, arreglarse o rascarse la piel
- Intentar ocultar los defectos percibidos con el estilo, el maquillaje o la ropa
- Comparar constantemente tu apariencia con la de los demás
- Buscar con frecuencia la aprobación de tu apariencia por parte de los demás
- Tener tendencias perfeccionistas
- Buscar procedimientos estéticos con poca satisfacción
- Evitar situaciones sociales

Las afectaciones del TDC:

- Ansiedad Severa: Las preocupaciones relacionadas con la apariencia pueden desencadenar niveles extremos de ansiedad, afectando negativamente la calidad de vida y las relaciones interpersonales.
- Depresión: La obsesión constante con la apariencia y la percepción distorsionada del propio cuerpo pueden contribuir al desarrollo de síntomas depresivos.

- Aislamiento Social: La vergüenza y la incomodidad relacionadas con la apariencia pueden llevar a la evitación de situaciones sociales, lo que contribuye al aislamiento social.
- Dificultades en el Funcionamiento Diario: El TDC puede interferir con el funcionamiento diario, ya que la preocupación constante puede hacer que sea difícil concentrarse en otras áreas de la vida.
- Baja Autoestima: La imagen corporal negativa y la comparación constante con estándares poco realistas pueden afectar la autoestima y la autovaloración.
- Comportamientos Compulsivos: Las personas con TDC pueden participar en comportamientos compulsivos, como mirarse repetidamente en el espejo, buscar constantemente la validación de los demás o someterse a procedimientos cosméticos innecesarios.

Vamos, que puedes...

1. Escribe en un diario. Esto puede ayudarte a identificar mejor los pensamientos, emociones y comportamientos negativos.
2. No te aísles. Trata de participar en actividades sociales y haz reuniones periódicas con amigos y familiares que puedan actuar como apoyo saludable.
3. Cuídate. Come alimentos saludables, haz actividad física y duerme lo suficiente.
4. Únete a un grupo de apoyo. Conéctate con otras personas que se enfrentan a desafíos similares.
5. Mantente enfocado en tus metas. La recuperación es un proceso continuo. Mantente motivado teniendo en cuenta tus objetivos de recuperación.
6. No tomes decisiones importantes cuando sientas aflicción o desesperación. Es posible que no estés pensando con claridad y que te arrepientas de tus decisiones más adelante.

7. Desarrollar conciencia sobre los pensamientos distorsionados relacionados con la apariencia es el primer paso para desafiar y cambiar patrones de pensamiento negativos.

8. Reducir la comparación con estándares poco realistas y aceptar la diversidad de las formas y tamaños corporales puede contribuir a una imagen corporal más positiva.

9. Trabajar hacia la aceptación y aprecio de la propia apariencia, reconociendo las cualidades positivas más allá de la imagen física, puede fortalecer la autoestima.

10. Compartir las experiencias y preocupaciones con amigos de confianza o familiares puede proporcionar apoyo emocional y perspectivas objetivas.

11. Reducir gradualmente los comportamientos compulsivos, como mirarse en el espejo, pesarse cada día, tomar medidas del cuerpo, etc., puede ayudar a romper patrones negativos.

12. En lugar de centrarse solo en la apariencia, enfocarse en mantener una salud general y bienestar físico puede cambiar el enfoque hacia la realidad.

Indecisión

"Ser o no ser, esa es la cuestión", se preguntaba el melancólico personaje de Shakespeare que creía que la muerte podía ser mejor salida que el sufrimiento que trae el vivir. Cabría preguntarse en algunos casos si la duda está relacionada con una falta de arraigo con la vida y con el miedo a vivirla.

Las personas que posponen una decisión lo que están haciendo en el fondo es evitar confrontar una situación y el miedo que esta les genera. Vivir conlleva tomar un riesgo ya sea de equivocarse, fracasar o de arriesgarse a emprender nuevos caminos y experiencias.

Cuando dudamos, conviene preguntarse, ¿a qué tengo miedo? Y hacer del miedo un compañero de viaje que nos alerta de los posibles peligros y nos invita a ser prudentes, pero sin paralizarnos ni evitar actuar. Dentro de nosotros habitan constantemente inquisidores, jueces, perseguidores y saboteadores de nuestra vida. Todas estas voces internas son causa de duda patológica y todos somos susceptibles de padecerla. Cabría preguntarse si todos estos personajes son el resultado de nuestra cultura y nuestras creencias, que nos asegura que ganaremos el cielo o triunfaremos, sólo si nos esforzamos y sufrimos, y para ello tenemos que perfeccionarnos a nosotros mismos sin descanso.

Las dudas relacionadas con la toma de decisiones son una experiencia común y natural en la vida.

Este proceso nos lleva a evaluar opciones, considerar consecuencias y, en última instancia, elegir un curso de acción. Sin embargo, cuando las dudas se vuelven persistentes o paralizantes, pueden afectarnos en gran manera.

En la mente, donde la incertidumbre y la indecisión se pelean muchas veces un lugar, surgen las dudas como sombras que se deslizan furtivamente. Es un terreno confuso, donde los caminos se bifurcan y se entrelazan, dejando al individuo perdido en la maraña de posibilidades.

Las dudas, como astillas invisibles, se clavan en la mente, sembrando la inseguridad y socavando la confianza. Se manifiestan como preguntas sin respuesta clara, como susurros incesantes que nublan la mente y agitan el corazón.

Cada elección se convierte en un dilema, cada paso en un laberinto de incertidumbre.

La indecisión se presenta como un espectro, una sombra que se cierne sobre las decisiones que esperan ser tomadas. La persona se encuentra en un estado de parálisis, cautivo entre opciones divergentes, incapaz de dar el paso crucial que despejaría el camino. ¿Qué pasa si elige mal? ¿Y si el destino le reserva un giro inesperado?

En este torbellino de dudas, la mente se convierte en un campo de batalla interno. Las voces del temor y la ansiedad se elevan, eclipsando el susurro de la intuición y hasta de la certeza. Se analizan los pros y los contras, se desentrañan los posibles escenarios, pero el mapa de la decisión permanece difuso, impregnado de la duda que envuelve cada opción.

La indecisión, como una corriente lenta pero constante, hace gran daño a la autoconfianza. Cada momento de indecisión es un pequeño robo de la paz interior, una erosión de la certeza que debilita los cimientos de la resolución. Es estar atrapado en un ciclo de análisis interminable, como un navegante perdido en un océano de posibilidades, sin una estrella guía, ni un faro, que ilumine el camino. Pero, entre las sombras de la indecisión, también nace la oportunidad. La duda puede ser un catalizador para la reflexión. Cada pregunta no resuelta puede llevar a un descubrimiento más profundo de uno mismo, un entendimiento más claro de las prioridades y deseos. Enfrentar las dudas e indecisiones requiere valentía. Es un acto de aceptación de la vulnerabilidad, de reconocimiento de la naturaleza humana que a veces titubea ante la encrucijada de elecciones.

La indecisión prolongada puede afectar de diversas maneras:
- La duda sobre la elección correcta puede generar ansiedad y estrés, ya que la mente se sumerge en escenarios imaginarios y preocupaciones sobre las posibles consecuencias.
- Quienes experimentan dudas constantes pueden ser propensos a la autocrítica excesiva, cuestionando sus habilidades para tomar decisiones y sintiéndose inseguros acerca de sus elecciones.
- La indecisión va de la mano con la procrastinación, posponiendo la toma de decisiones y contribuyendo a un ciclo de evitación que puede afectar el progreso en diversas áreas de la vida.
- La indecisión puede influir en las relaciones interpersonales, ya que las personas que la experimentan pueden buscar constantemente la aprobación de los demás o depender de la orientación externa.

Y ahora decídete...

1. Establecer claramente las prioridades y los objetivos a corto y largo plazo puede proporcionar un marco para evaluar opciones y tomar decisiones alineadas con metas personales.
2. Fijar plazos realistas para la toma de decisiones puede evitar la procrastinación y crear un sentido de urgencia que facilite el proceso.
3. Buscar información relevante es crucial, pero evitar la sobreinformación también es importante. Encontrar un equilibrio y centrarse en datos esenciales puede facilitar el proceso.

4. Evaluar las consecuencias potenciales a corto y largo plazo de cada opción puede ayudar a tomar decisiones informadas y aliviar la ansiedad asociada con la incertidumbre.

5. Reconocer y confiar en las propias habilidades para tomar decisiones es esencial. Recordar éxitos pasados puede fortalecer la autoconfianza.

6. Consultar a personas de confianza para obtener perspectivas externas puede ser valioso, pero es importante no depender exclusivamente de la orientación externa.

7. Reflexionar sobre decisiones pasadas, identificar lecciones aprendidas y aplicar esos conocimientos puede mejorar la capacidad para enfrentar decisiones futuras.

8. Aprender a aceptar que la vida está llena de dudas puede reducir la ansiedad asociada con la toma de decisiones y facilitar la adaptación a situaciones imprevisibles.

9. Existen distintas maneras de bloquear la inercia a responder las preguntas tontas que nos planteamos y nos llevan a la duda patológica. Para empezar una de las más sencillas es la de darse una respuesta absurda e incoherente con la pregunta.

Un ejemplo ante la pregunta que se realiza Hamlet: "¿Ser o no ser?" consistiría simplemente en decirse: "¿Me voy para Miami o me como un buñuelo?".

Cuando tengas por la mano este mecanismo de darte respuestas tontas o incoherentes, aprende a sencillamente no responder a las preguntas autogeneradas.

10. En las dosis adecuadas, dudar es necesario para poder ser flexibles y no ver el mundo en blanco y negro. La duda nos permite un grado de reflexión y análisis para valorar los pros y los contras de una situación. Entonces toma papel y lápiz y comienza a ponderar los posibles escenarios.

11. La duda tiene la intención positiva de protegernos haciéndonos más conscientes de todas las perspectivas y facetas a tener en cuenta a la hora de tomar una decisión. Nuestra sociedad nos hace creer que debemos saber en todo momento lo que queremos y que lo podemos conseguir, no nos deja vivir en la incertidumbre. Sin embargo, a veces estar en el "no sé" requiere valentía y es el primer paso para encontrar una solución diferente y no repetir más de lo mismo en nuestra vida. No te de miedo, quedarte ahí en el "no sé" y analizar un poco más.

12. La duda es muy propia de las personas más perfeccionistas que temen equivocarse y no tienen en cuenta que errar es consustancial al ser humano y que nadie es perfecto. En su idea loca de creerse infalibles dudan cuando no están seguros de tomar la opción correcta. No obstante, hay cuestiones que sólo se pueden resolver o saber, pasando a la acción, y dándonos cuenta de qué nos ocurre al vivirlas. Sólo desde la experiencia podemos saber cómo o qué sentimos y si nos gusta o no lo que estamos viviendo para saber si fue la mejor opción.

Tercera Parte
Sí o sí, lo que sigue, debes hacerlo...
Disciplina

¿Te ha pasado que te propones levantarte temprano para hacer ejercicio, pero cuando suena la alarma decides que mejor duermes una hora más? ¿Te propones adelantar ese proyecto de trabajo que se entrega la próxima semana, pero a la hora de "empezar" te quedas revisando correos o limpiando tu escritorio? ¿Te pusiste el reto de comer más sano, pero cuando llega la hora de la comida eliges unos taquitos y dejas la dieta para mañana?

Seguramente esto te genera frustración, pero a pesar de ello pareciera que existe dentro de ti una fuerza que te dificulta llevar a cabo los planes que tú mismo fijas. Esto habla precisamente de falta de disciplina.

Muchas veces pensamos que hay que ser una mente brillante para lograr éxito en lo que hacemos, para alcanzar objetivos extraordinarios y tener una calidad de vida superior. Si bien la inteligencia es de gran ayuda, no sirve de nada sin disciplina, perseverancia y enfoque.

La disciplina supera la inteligencia en muchos aspectos debido a su papel crucial en el logro de metas, el desarrollo personal y la constancia.

Inteligencia se refiere a la capacidad cognitiva de una persona para aprender, razonar, comprender conceptos y resolver problemas en diversas formas, como la inteligencia emocional, la lógico-matemática o la creativa. Disciplina, por otro lado, es la habilidad de mantener un enfoque constante en metas y objetivos, seguir un plan y comprometerse con reglas o normas, incluyendo el control de impulsos y la capacidad de trabajar de manera constante hacia un objetivo a pesar de las distracciones o dificultades.

Ambas cualidades, inteligencia y disciplina, son valiosas en diferentes situaciones y se complementan para lograr el éxito en diversas áreas de la vida. La frase *"tarde o temprano la disciplina vencerá a la inteligencia"* sugiere que, a largo plazo, una persona disciplinada y constante en su esfuerzo es más propensa al éxito que alguien que confía únicamente en su inteligencia natural, pero carece de disciplina.

Esta afirmación se respalda por varias razones. En primer lugar, la consistencia de la disciplina trae consigo un esfuerzo constante y sistemático hacia un objetivo, generando resultados más sólidos a lo largo del tiempo que los esfuerzos esporádicos basados en la inteligencia. Además, las personas disciplinadas tienden a ser más resistentes a las adversidades y fracasos, mostrando una capacidad de superar obstáculos y avanzar.

La disciplina también es la voluntad de aprender, adaptarse y mejorar constantemente, permitiendo a una persona disciplinada maximizar su inteligencia al perfeccionar sus habilidades.

La importancia de la disciplina radica en mantener el enfoque en metas a largo plazo, lo que conduce al logro de objetivos importantes, mientras que la inteligencia sola puede no ser suficiente si no se aplica de manera constante y enfocada. Sin embargo, la inteligencia sigue siendo un activo valioso y que la combinación de ambas cualidades puede potenciar aún más la búsqueda del éxito.

La frase no minimiza la importancia de la inteligencia, sino que destaca que la disciplina puede ser un factor crucial en el logro de metas a largo plazo.

El estilo de vida japonés se ha convertido en una fuente de inspiración para muchas personas alrededor del mundo. Y una de las principales características que los hace destacar es su disciplina. La autodisciplina japonesa se ha convertido en una práctica que muchas personas han empezado a adoptar para mejorar su calidad de vida.

En Japón es común el concepto de autodisciplina para alcanzar un determinado objetivo. Esta práctica se ha utilizado durante muchos siglos, y es una de las claves para el éxito y la prosperidad de Japón. La autodisciplina japonesa se basa en el respeto, la perseverancia y el trabajo duro para alcanzar el éxito. Esto significa que los japoneses se esfuerzan por alcanzar sus metas sin importar cuán difíciles puedan parecer. Esta actitud positiva ha ayudado a Japón a convertirse en una de las economías más exitosas del mundo.

En Japón, la disciplina se enseña desde una edad temprana. Los niños japoneses aprenden a ser disciplinados desde la infancia, lo que les ayuda a respetar a los demás y a actuar de manera respetuosa. Esta disciplina también les enseña a desarrollar buenos hábitos de limpieza. Aprenden a limpiar sus habitaciones, la sala de estar y la cocina, así como a mantener el orden en todos los ámbitos de su vida. Estos hábitos se les inculcan desde la edad preescolar.

Te doy algunas razones por las cuales la disciplina es considerada más importante que la inteligencia:

- **Consistencia en la Acción**: La disciplina es la ejecución de una acción consistente y sostenida, lo que es esencial para alcanzar metas a largo plazo.
- **Superación de Obstáculos**: Enfrentar desafíos requiere disciplina para mantenerse enfocado y persistir, incluso cuando las cosas se vuelven difíciles.
- **Hábitos Saludables**: La disciplina facilita la formación de buenos hábitos, lo que marca positivamente la calidad de vida.
- **Cumplimiento de Compromisos**: La disciplina permite cumplir con compromisos y responsabilidades, construyendo confianza en uno mismo y en los demás.
- **Resiliencia**: La capacidad de recuperarse de fracasos y adversidades se relaciona directamente con la disciplina y la resistencia mental.
- **Foco en el Proceso**: Mientras que la inteligencia puede proporcionar ideas y estrategias, la disciplina se centra en la ejecución y el seguimiento del proceso.
- **Desarrollo de Habilidades**: La disciplina es clave para el desarrollo de habilidades, ya que tiene que ver con la práctica constante y la mejora continua.
- **Gestión del Tiempo**: La disciplina es esencial para administrar eficientemente el tiempo y asignar recursos de manera efectiva.
- **Establecimiento de Prioridades**: Permite establecer y mantener prioridades, centrándose en lo que es realmente importante en lugar de lo que es conveniente.
- **Creación de Rutinas**: Las rutinas disciplinadas crean estructura y estabilidad, facilitando la realización de tareas diarias de manera eficiente.
- **Mejora Continua**: La disciplina impulsa la mejora continua al fomentar el aprendizaje constante y la adaptación a nuevas circunstancias.

- **Éxito**: Aunque la inteligencia es valiosa, la disciplina sostenida con seguridad, lleva al éxito en el cumplimiento de metas y objetivos.
- **Autonomía**: La disciplina proporciona autonomía y control sobre las propias acciones y decisiones.
- **Responsabilidad Personal**: Implica asumir la responsabilidad personal por las elecciones y acciones, lo que es esencial para el crecimiento personal.
- **Reducción del Estrés**: La disciplina en la gestión del tiempo y las responsabilidades reduce el estrés y la sensación de agotamiento.
- **Fortalecimiento del Carácter**: Desarrolla un carácter fuerte y ético, lo que es esencial para construir relaciones positivas.
- **Liderazgo Efectivo**: Los líderes disciplinados son capaces de guiar y motivar a otros de manera más efectiva.
- **Independencia Financiera**: La disciplina financiera es crucial para lograr la independencia económica y la seguridad financiera.
- **Adaptabilidad**: La disciplina fomenta la adaptabilidad, permitiendo ajustarse a cambios y superar obstáculos inesperados.

Técnicas para Desarrollar Disciplina...

1. Tener una motivación, algo que te vuelva al punto cero, donde sabes que vas hacerlo, que es lo que deseas, que te llenarás de felicidad y orgullo cuando lo logres.

2. Empieza por ser disciplinado con pequeñas acciones. Paso a paso, para aprender a correr hay que empezar a gatear; el inicio puede ser con cosas básicas, como comprometerte a hacer tu cama cada día o tomarte 10 vasos de agua al día; cuando ya consigues disciplina en estas pequeñas cosas, las siguientes se darán de manera más fácil.

3. Piensa en todos los beneficios de ser disciplinado. Escribe o piensa en cuanto cambiará tu vida cuando logres el cumplimiento de todos tus objetivos. Saber cómo la disciplina mejorará tu vida, te motivará a serlo.

4. No postergues. Procrastinación, el gran enemigo de la disciplina. Solo vas a generar más frustración al ver que no empiezas con lo que tienes pendientes. El momento es ya y el día es hoy.

5. Elimina tus intentos fallidos, lo único que provocas es hacerte sentir mal, que no eres capaz. Si así fue en el pasado, pues allá se queda, en el pasado. Siempre hay un momento para empezar.

6. Pon orden y rutina. Incluye tu disciplina en un horario posible, en días posibles.

7. Facilítate el proceso dejando todo el material preparado (ropa de deporte, comida de dieta, la mesa del despacho ordenada), poniendo anotaciones o recuerdos visuales. Si tienes todo a la mano, la pereza no te atacará, si lo que quieres es salir a trotar apenas despiertes, pues duerme con tu ropa de deporte de ser necesario.

8. Cambia tu rutina, crea una nueva, donde se ajusten todas las cosas que debes hacer para ser disciplinado, muchas veces la excusa es "no tengo tiempo" y déjame decirte que nadie en este mundo ha tenido más de las 24 horas cada día, así que tiempo si hay, tal vez falta un poco de organización en su distribución.

9. Subdivide tu reto en pequeños objetivos. Cumpliendo poco a poco cada objetivo, la meta no se hará tan lejana.

10. Cuando adoptas una creencia sobre ti, tus decisiones y acciones se alinean en esa dirección, si constantemente te etiquetas como "una persona que no logra lo que se propone», es muy probable que termines por fallar, ya que inconscientemente estás buscando reforzar esta teoría sobre ti.

Así que cuando venga a tu mente alguna creencia que te impida ser disciplinado, agrega en esa línea de pensamiento algo que ya estás haciendo para lograr ser una persona más disciplinada.

Hábitos

"Hábitos Atómicos" es un libro escrito por James Clear que explora la formación y el cambio de hábitos desde una perspectiva científica y práctica. Según este libro, los hábitos son comportamientos rutinarios automáticos que se realizan regularmente en respuesta a ciertos contextos o estímulos.

Algunos conceptos clave relacionados con los hábitos según "Hábitos Atómicos":

Átomos del Cambio: Clear utiliza el término "átomos del cambio" para referirse a pequeñas acciones o decisiones que, cuando se realizan consistentemente, pueden tener gran resonancia en la formación de los mismo. Estos átomos son las unidades fundamentales de cambio.

Ley del Mínimo Esfuerzo: Clear explora la idea de que los hábitos se forman más efectivamente cuando son fáciles de iniciar. La ley del mínimo esfuerzo sugiere que las acciones que requieren menos esfuerzo son más propensas a convertirse en hábitos arraigados.

Cue, Rutina, Recompensa: Esta estructura básica del hábito, también conocida como el bucle de hábito, consiste en un estímulo (cue), seguido de una rutina (acción habitual) y culminando en una recompensa. Esta estructura es clave para comprender y modificar los hábitos.

La Regla de los Dos Minutos: Clear introduce la regla de los dos minutos, que sostiene que cualquier hábito puede comenzar si se reduce a una tarea que toma menos de dos minutos. Esto facilita el inicio del hábito y supera la barrera inicial de la procrastinación.

Identidad y Cambio de Hábitos: Clear destaca la importancia de cambiar la percepción de uno mismo para consolidar hábitos a largo plazo. En lugar de simplemente centrarse en realizar una acción, sugiere adoptar la identidad de alguien que ya realiza ese hábito.

Acumulación de Pequeños Cambios: El autor enfatiza la idea de que los pequeños cambios acumulativos, o mejoras del 1%, pueden llevar a grandes cambios a lo largo del tiempo.

El Valor de la Consistencia: "Hábitos Atómicos" subraya la importancia de la consistencia y la repetición en la formación de hábitos. Clear argumenta que la frecuencia y la regularidad son cruciales para arraigar un hábito en la vida diaria.

Según "Hábitos Atómicos", los hábitos son comportamientos que se forman a través de pequeñas acciones repetidas con regularidad.

El libro proporciona estrategias prácticas para comprender, cambiar y mantener hábitos efectivos en la vida cotidiana. Los hábitos son comportamientos automáticos que realizamos de manera regular, sin pensar conscientemente en ellos. Tienen una importancia significativa en la vida diaria y en la salud mental y física por varias razones:

Vida Diaria:
- **Eficiencia**: Los hábitos eficientes permiten realizar tareas cotidianas de manera más rápida y sin un esfuerzo mental excesivo.
- **Organización**: Establecer rutinas y hábitos contribuye a la organización diaria, lo que reduce el estrés y la sensación de caos.
- **Ahorro de Energía**: Al automatizar ciertas acciones, ahorramos energía mental para tareas más desafiantes o creativas.
- **Consistencia**: Los hábitos proporcionan un marco constante, brindando estabilidad y previsibilidad a la vida diaria.

Salud Mental:
- **Reducción del Estrés**: La estructura que ofrecen los hábitos puede reducir la incertidumbre y el estrés.
- **Autodisciplina**: La formación de hábitos fomenta la autodisciplina, fortaleciendo la capacidad de establecer metas y cumplirlas.
- **Bienestar Emocional**: Hábitos como el ejercicio y la meditación, pueden mejorar el estado de ánimo y reducir la ansiedad y la depresión.
- **Enfoque en Objetivos**: Los hábitos alineados con objetivos personales ayudan a mantener el enfoque y la motivación.

Salud Física:

- **Prevención de Enfermedades**: Hábitos como una dieta equilibrada y el ejercicio regular contribuyen a la prevención de enfermedades.
- **Mejora del Sueño**: Establecer rutinas antes de dormir ayuda a mejorar la calidad del sueño.
- **Higiene Personal**: Hábitos de higiene diaria son fundamentales para la salud física y previenen enfermedades.

Pasos para Adquirir Hábitos:

Sé que adquirir hábitos, puedes ser una tarea un poco complicada al principio, un consejo que te doy es seguir la regla de 20/20/20, un ejemplo sería, al levantarte, 20 minutos de meditación o conexión espiritual, 20 minutos de ejercicio y 20 minutos de lectura. Puedes empezar en 10, seguir a 15 y llegar a 20. Completarás una hora al día que te llenará de energía, aprendizaje y salud.

1. **Define Objetivos Claros**: Establece metas específicas que deseas lograr con el hábito.
2. **Comienza Pequeño**: Inicia con acciones pequeñas y alcanzables para evitar abrumarte.
3. Fija Horarios Consistentes: Realiza la acción en momentos específicos del día para crear una rutina.
4. **Vincula Hábitos**: Asocia el nuevo hábito con uno existente para recordar realizarlo.
5. **Utiliza Recordatorios Visuales**: Coloca recordatorios visuales en lugares clave.
6. **Celebra Pequeños Éxitos**: Reconoce y celebra cada logro, por más pequeño que sea.
7. **Ten Paciencia**: La formación de hábitos lleva tiempo; sé paciente contigo mismo.
8. **Registra tu Progreso**: Lleva un registro de tu avance para mantenerte motivado.

9. **Visualiza el Éxito**: Imágenes mentales positivas refuerzan la formación de hábitos.
10. **Identifica Obstáculos**: Anticipa desafíos y crea estrategias para superarlos.
11. **Crea un Entorno Favorable**: Ajusta tu entorno para facilitar la práctica del hábito.
12. **Encuentra un Compañero**: Compartir tus metas con alguien puede brindar apoyo.
13. **No te Castigues por Errores**: Aprende de los tropiezos en lugar de castigarte por ellos.
14. **Refuerza Positivamente**: Asocia el hábito con recompensas positivas.
15. **Ajusta según sea Necesario**: Adapta el hábito según tus necesidades y circunstancias.
16. **Inspírate en Modelos a Seguir**: Busca inspiración en personas que hayan desarrollado hábitos similares.
17. **Establece un Compromiso Público**: Comprométete públicamente a seguir el hábito.
18. **Incorpora Hábitos Sociales**: Realizar el hábito con otros puede hacerlo más agradable.
19. **Revisa y Ajusta Regularmente**: Evalúa tu progreso y ajusta según sea necesario.
20. **Refuerza la Identidad**: Visualízate como alguien que ya ha adoptado el hábito.

Respiración

La respiración, un acto vital que transcurre de manera automática en nuestro día a día, es mucho más que un simple intercambio de oxígeno y dióxido de carbono. Es un proceso fundamental que sustenta la vida misma.

Cuando inspiramos, el aire fresco ingresa a nuestros pulmones, llevando consigo el preciado oxígeno esencial para la función celular. Este proceso, aparentemente simple, desencadena una cascada de eventos en el cuerpo, alimentando cada célula y nutriendo los sistemas que trabajan incansablemente para mantenernos en equilibrio.

La exhalación, por otro lado, no es solo la liberación de dióxido de carbono, sino también un acto de purificación. A medida que liberamos el aire usado, eliminamos desechos y toxinas acumulados durante el proceso metabólico. Es un ciclo constante de renovación, donde la vieja energía cede paso a la nueva en cada aliento.

Más allá de su función fisiológica, la respiración se entrelaza con nuestro estado emocional y mental. Observar cómo el aliento fluye, conscientes de su ritmo, nos conecta con el presente.

La respiración consciente se convierte en un ancla, una herramienta poderosa para calmar la mente inquieta y encontrar la serenidad en medio de las tormentas internas.

En diversas prácticas de bienestar, desde la meditación hasta el yoga, la atención plena a la respiración es un punto focal. Se nos invita a sentir el aire que entra y sale, a sintonizar con la sinfonía interna que muchas veces pasa desapercibida en la vida diaria. En este proceso, la respiración se convierte en un puente entre el cuerpo y la mente, una vía segura hacia la paz interior y la claridad mental.

Cabe hacer notar la versatilidad de la respiración como herramienta terapéutica. Desde técnicas de respiración profunda para reducir el estrés hasta ejercicios específicos para mejorar la capacidad pulmonar, la respiración se adapta a diversas necesidades y contextos. Es un recordatorio constante de la conexión intrínseca entre nuestro bienestar físico, emocional y mental.

Importancia en la Salud Física:

1. **Aporte de oxígeno**: La respiración es el proceso mediante el cual inhalamos oxígeno del aire y lo transportamos a todas las células del cuerpo a través de la sangre. El oxígeno es esencial para la producción de energía en las células a través de la respiración celular.

2. **Eliminación de dióxido de carbono**: Al exhalar, eliminamos el dióxido de carbono, un subproducto del metabolismo celular. El equilibrio adecuado entre la inhalación de oxígeno y la exhalación de dióxido de carbono es esencial para mantener la homeostasis en el cuerpo.

3. **Soporte para el sistema nervioso autónomo**: La respiración controla el sistema nervioso autónomo, influyendo en la respuesta del cuerpo al estrés. La respiración lenta y profunda puede activar el sistema nervioso parasimpático, que promueve la relajación y la restauración.

4. **Mejora de la función cardiovascular**: La respiración profunda y consciente puede mejorar la eficiencia del sistema cardiovascular. Ayuda a regular la presión arterial, reduce la frecuencia cardíaca y promueve una circulación sanguínea más eficaz.

5. **Apoyo para el sistema inmunológico**: La oxigenación adecuada a través de una respiración eficiente es esencial para mantener un sistema inmunológico saludable. El oxígeno contribuye a la capacidad del cuerpo para combatir infecciones y enfermedades.

Importancia en la Salud Mental:

1. **Gestión del estrés**: La respiración profunda y consciente es una herramienta efectiva para gestionar el estrés. Puede activar el sistema nervioso parasimpático, reduciendo la respuesta al estrés y promoviendo un estado de calma.

2. **Mindfulness y atención plena**: La atención plena en la respiración es fundamental en prácticas como la meditación. Concentrarse en la respiración ayuda a calmar la mente, mejorar la atención y aumentar la conciencia del momento presente.

3. **Regulación emocional**: La forma en que respiramos está vinculada a nuestras emociones. Por ejemplo, la respiración rápida y superficial puede estar asociada a la ansiedad, mientras que la respiración lenta y profunda puede inducir calma y reducir la respuesta emocional intensa.

4. **Mejora del sueño**: Prácticas de respiración relajante pueden ayudar a mejorar la calidad del sueño. La respiración consciente antes de acostarse puede reducir la actividad mental y preparar el cuerpo para el descanso.

5. **Claridad mental**: Una respiración adecuada garantiza un suministro constante de oxígeno al cerebro, lo que favorece la claridad mental, la concentración y la toma de decisiones efectiva.

Las técnicas de respiración son herramientas efectivas para gestionar el estrés, reducir la ansiedad y mejorar la estabilidad anímica en general. Aquí tienes algunas técnicas de respiración que puedes incorporar a tu rutina diaria:

Respiración Diafragmática (o Abdominal):

Siéntate cómodamente con la espalda recta o acuéstate boca arriba.
Coloca una mano en el abdomen y otra en el pecho.
Inhala lentamente por la nariz, permitiendo que el abdomen se expanda.
Exhala lentamente por la boca, sintiendo cómo el abdomen se contrae.
Repite este proceso, centrándote en la respiración profunda y consciente.

Respiración Cuadrada o Box Breathing:

Inhala lentamente durante un recuento de 4 segundos.
Mantén la respiración durante un recuento de 4 segundos.
Exhala lentamente durante un recuento de 4 segundos.
Espera sin respirar durante un recuento de 4 segundos.
Repite este patrón varias veces, ajustando la duración según tu comodidad.

Respiración 4-7-8:

Inhala por la nariz durante un recuento de 4 segundos.
Retén la respiración durante un recuento de 7 segundos.
Exhala completamente por la boca durante un recuento de 8 segundos.

Repite este ciclo varias veces, aumentando gradualmente la duración si te sientes cómodo.

Respiración Nasal Alternada (Nadi Shodhana):
Siéntate en una posición cómoda con la espalda recta.
Utiliza el pulgar y el anular de una mano para abrir y cerrar cada fosa nasal.
Cierra la fosa nasal derecha e inhala profundamente por la izquierda.
Luego, cierra la fosa nasal izquierda y exhala por la derecha.
Continúa alternando entre las fosas nasales, manteniendo un ritmo constante y relajado.

Respiración Consciente o Mindful Breathing:
Encuentra un lugar tranquilo y siéntate cómodamente.
Presta atención a la sensación de la respiración sin tratar de cambiarla.
Observa la inhalación y la exhalación, centrándote en cómo se siente el aire en la nariz o en el movimiento del abdomen.
Cuando tu mente divague, simplemente redirige tu atención a la respiración.
Practica esto durante unos minutos, permitiéndote estar presente en el momento.

Suspiro profundo:
Siéntate derecho, con tu espalda apoyada en el espaldar de la silla, y pon ambos pies en el piso.
Realiza una respiración naturalmente y, luego, deja salir el aire por la boca como cuando suspiras, con fuerza, dejando hacer un sonido de alivio mientras sale el aire de tus pulmones.
No pienses en cómo vas a respirar enseguida, simplemente deja que el aire entre en tus pulmones, lenta y naturalmente.

Repite este ejercicio de cuatro a seis veces, lentamente.
Practica cada vez que sientas la necesidad de hacerlo o cada vez que te acuerdes.

Soplo en calma:
Siéntate derecho, con tu espalda apoyada en el espaldar de la silla, y pon ambos pies en el piso.
Toma aire naturalmente.
Aguanta la respiración por unos cuantos segundos.
Imagínate que tienes una pajilla (popote, pitillo o bombilla, straw en inglés) en la boca, pon tus labios alrededor de ella, y deja salir el aire lentamente a través de la pequeña apertura que has dejado en tus labios.
Continúa dejando salir el aire lentamente hasta que sientas que ya no tienes más aire dentro de tus pulmones.
Repite cuantas veces sea necesario hasta que te sientas relajado.

Integra estas técnicas de respiración en tu rutina diaria, especialmente en momentos de estrés o cuando necesites calmarte. La práctica regular de estas técnicas puede tener un efecto positivo en la gestión del estrés y en la mejora de tu bienestar mental.

Mindfulness

Mindfulness, una práctica arraigada en la antigua sabiduría oriental y ahora integrada en diversos aspectos de la vida moderna, se erige como un faro de atención plena en medio del bullicio cotidiano. Esta disciplina invita a sumergirse en el presente con una conciencia deliberada, liberándonos de las cadenas de la preocupación por el pasado o el futuro.

En su esencia, mindfulness se traduce en la capacidad de prestar atención de manera intencional y sin juicio a la experiencia presente. No se trata solo de estar físicamente presente, sino de involucrar todos los sentidos en el momento actual, abrazando cada sensación, pensamiento o emoción que surja, sin aferrarse ni resistirse.

El corazón de la práctica de mindfulness reside en la observación sin juicio. Al adoptar una actitud de aceptación, permitimos que cada pensamiento y sentimiento fluya a través de nosotros como nubes en el cielo, sin ser prisioneros de su paso. Esta perspectiva no solo nutre la compasión hacia uno mismo, sino que también fomenta una comprensión más profunda de la naturaleza transitoria de todas las cosas.

La respiración, un ancla constante al momento presente, se convierte en una compañera inseparable en la práctica del mindfulness.

Al dirigir la atención hacia la inhalación y exhalación conscientes, se establece una conexión directa con el flujo vital que nos sostiene. La respiración se convierte en un refugio, un recordatorio gentil de regresar al ahora cuando la mente divaga.

A medida que la atención plena se arraiga en nuestra vida diaria, los beneficios se despliegan en múltiples capas.

La reducción del estrés se convierte en una consecuencia natural, ya que la mente se despeja del peso innecesario de las preocupaciones no presentes. La toma de decisiones se vuelve más informada y consciente, ya que estamos más conectados con nuestras motivaciones y valores fundamentales.

La práctica del mindfulness no se limita a las sesiones formales de meditación, sino que se integra en las pequeñas pausas conscientes a lo largo del día. Es el arte de saborear cada bocado de comida, de caminar con atención plena, de escuchar con presencia completa. La vida se transforma en una serie de momentos ricos y sublimes cuando se vive con mindfulness.

Mindfulness no es simplemente una práctica, sino un enfoque de vida que infunde cada momento con una atención consciente.

Es un faro que guía a través de las mareas de la existencia, recordándonos que la plenitud se encuentra en el ahora. Con cada respiración consciente, mindfulness nos invita a bailar con la realidad presente, cultivando una vida de significado y conexión profunda.

Importancia del Mindfulness en la Vida:
Reducción del Estrés: El mindfulness ayuda a disminuir el estrés al permitir que las personas se centren en el presente, en lugar de preocuparse por el pasado o el futuro. *La atención plena fomenta la aceptación de las experiencias sin juzgarlas, lo que contribuye a una perspectiva más equilibrada.*

Mejora de la salud mental: La práctica regular del mindfulness se asocia con la reducción de los síntomas de ansiedad y depresión.

Al traer la conciencia en el momento presente, las personas pueden desarrollar una relación más saludable con sus pensamientos y emociones.

Aumento de la conciencia corporal: El mindfulness involucra prestar atención a las sensaciones físicas del cuerpo. Esta conciencia corporal puede ayudar a reconocer y gestionar mejor las señales de estrés o tensión, contribuyendo a una mejor salud física y mental.

Mejora de la concentración: La práctica regular de mindfulness fortalece la capacidad de concentración y atención. Esto es beneficioso tanto en el ámbito laboral como en la vida cotidiana, mejorando el rendimiento cognitivo y la toma de decisiones.

Fomento de relaciones positivas: El mindfulness se relaciona con una mayor empatía y compasión hacia los demás.

Al estar más presentes en las interacciones, las personas pueden responder de manera más reflexiva y positiva en sus relaciones.

En la mañana....

1.- Emerges del sueño. Aún dentro de la cama, asegúrate durante unos segundos de estar presente, aquí y ahora. Antes de lanzarte hacia el futuro de todas las tareas que te esperan pregúntate a ti mismo con amabilidad qué tal has dormido y cómo estás. También puedes, simplemente, "sentirte" amaneciendo a un nuevo día, poniendo toda tu atención en las sensaciones físicas.

2.- Dúchate con atención plena, apreciando el tacto del agua, los cambios de temperatura, el olor del jabón.

3.- Péinate atendiendo a la experiencia en tu cuero cabelludo, los cambios en el pelo, los movimientos de tus brazos.

4.- Lávate los dientes poniendo toda tu atención en la mano, el cepillo, la pasta y las sensaciones en dientes, encías, lengua...

5.- Café concentrado, té, o zumo, agua...lo que sea que desayunes. Escucha el sonido de la cafetera o de la tetera, observa el proceso de elaboración de tu bebida y despierta tu olfato con su aroma. Observa los colores cambiantes si haces alguna mezcla. Siente el calor de la taza en tus manos, el tacto en la cara del vapor. Finalmente, analiza el sabor tomando pequeños sorbos.

6.- Cualquier comida o bebida a lo largo del día sirve para este ejercicio de conciencia plena. Utiliza los alimentos para hacer un recorrido consciente de tus sentidos.

7.- Muévete para conectar con el Cuerpo. El ejercicio físico es una oportunidad para la práctica de mindfulness. Pon tu atención especialmente en tres aspectos: la respiración, las posturas que adoptas y los movimientos que haces, momento a momento. Si estás corriendo, escucha el sonido de tus pies sobre el suelo, percibe el aire en la piel. Si levantas pesas, siente la barra de metal frío en sus manos. No dejes que los pensamientos negativos y las distracciones se adueñen de tu cuerpo. Déjalos pasar y céntrate en el cuerpo.

A medio día...

8. Estírate. Tómate un descanso a mediodía y sal de la oficina o de donde estés y haz algunos estiramientos básicos. Desperézate como un gato, bien a gusto. Además de ser un ejercicio muy sano, es una gran oportunidad para la atención plena. Fíjate en cómo se mueven tus músculos y aprecia cada sensación.

9. La escucha atenta, por si no lo sabías, si tienes dos orejas y una boca es para escuchar el doble de lo que hablas. Por lo menos una conversación al día, con cualquier persona con quien interactúes, proponte escucharla con toda tu atención.

Cuando ella o él se dirijan a ti, respira, aterriza en el presente y abre tu sentido del oído. Escucha sin interrumpir, sin dar tu opinión, sin autocompletarle las frases a tu interlocutor. Este ejercicio es fundamental para transformar la relación. Ya me contarás.

10. Haz garabatos. Elige una idea y empieza a garabatear. Haz trazos sobre un papel concentrándote en lo que va surgiendo. Cuando lleves tiempo suficiente ante las pantallas (recomiendan descansar cada hora) dibuja un poco. Pon ahí toda tu atención y permite que este ejercicio sea un breve descanso.

Buscar la forma visual de una idea vaga ayuda a centrarla y deja al descubierto ideas inexistentes. Hacer bocetos requiere concentración y entrena la atención plena.

11. El auto-chequeo. Haz una pausa y evalúa el estado de tu cuerpo y de tu mente. ¿Cómo es su postura? ¿Estás apretando las mandíbulas? ¿Tienes sed? Te sorprenderá lo que aprendes acerca de ti a través de estos registros si practicas regularmente. Prueba a introducir estos mini chequeos más o menos cada hora. Si te sirve, puedes ponerte algún tipo de alarma que te avise. Ding-dong: conecta con tu intimidad. Ding dong: sigue adelante.

12. Vacía el disco duro. Dedica 10-15 minutos para sentarte sólo con un lápiz y un cuaderno. Durante este tiempo escribe lo que se pase por la cabeza. Pon negro sobre blanco los pensamientos que se arremolinan en tu mente. Todos los que lleguen. Sin seleccionar. Al igual que el ejercicio de poner imágenes a una idea, ponerle palabras ayuda a clarificarla. Es como desbrozar el bosque de la mente. Luego queda más despejado y puedes descubrir tesoros que ocultaba la maleza.

En la noche...

13. Fuera auriculares. Cuando vas de casa al trabajo o viceversa evita la tentación de evadirte del entorno a través de los cascos.

En su lugar, presta atención a lo que sucede a tu alrededor. Escucha los pájaros cantar, observa a los niños jugando en el parque, aprecia los distintos olores del camino. Estate completamente presente.

14. Cinco minutos de respiración profunda. Enfocarse en la respiración es el mantra por excelencia en cualquier escuela de meditación. Y tiene toda la lógica. Respiramos constantemente, pero casi siempre lo hacemos de forma inconsciente. Céntrate un solo minuto en la respiración. El hecho de tomarte ese tiempo es una gran ayuda para encontrar la conexión con tu cuerpo. Prueba este ejercicio de respiración simple, simple: Toma una respiración lenta y profunda por la nariz, aspirando aire desde el abdomen en lugar del pecho. Haz una pausa, sosteniendo en su respiración, antes de dejar salir el aire lentamente por la boca. Así de sencillo. Repite varias veces y ¡sigue con tu noche de plena conciencia!

15. Limpia los platos con atención plena. Llegar a casa y que te reciba una montaña de platos sucios no es nada divertido. Pero hacer esa tarea y cualquier otra de la casa, como un ejercicio de plena conciencia sí que puede llegar a serlo. Sentir el agua en tus manos (o guantes) y estudiar la textura de la esponja a medida que friegas los platos con ella. Este ejercicio sirve para quitar el polvo, tender la ropa, hacer la cama. No te olvides de saborear el orden y la limpieza cuando acabes.

16. Práctica musical. La música también puede ser una herramienta útil para ejercitar mindfulness en la vida cotidiana. Lo ideal es elegir una canción que nunca hayas oído antes y darle al play. No le des paso a los pensamientos que surjan valorando el estilo del intérprete o la letra si la entiendes. Deja pasar todas esas ideas que aparezcan y escucha con la mente y los sentidos abiertos. O bien si prefieres, disfruta de tu música preferida.

17. Prueba una meditación guiada. En este punto te recomiendo practicar con 10 minutos, en youtube puedes encontrar miles, para que empieces y cojas el ritmo.

Meditaciones Mindfulness, para que practiques:

Meditación de Respiración Consciente:
Siéntate en una posición cómoda y cierra los ojos.
Dirige tu atención a la respiración, observando la inhalación y exhalación.
Con cada respiración, repite mentalmente "inhalar" y "exhalar".
Si tu mente divaga, suavemente redirige tu atención a la respiración.

Exploración del Cuerpo:
Túmbate o siéntate cómodamente.
Dirige tu atención a diferentes partes del cuerpo, empezando por los pies y subiendo hacia la cabeza.
Observa las sensaciones en cada parte del cuerpo sin juzgar.
Si encuentras tensión, intenta relajar conscientemente esa área.

Meditación de Atención Plena al Caminar:
Camina lentamente en un espacio tranquilo.
Siente cada paso, prestando atención a la sensación del contacto con el suelo.
Observa tu respiración mientras caminas.
Si tu mente divaga, vuelve gentilmente a la experiencia de caminar.

Meditación de Atención Plena al Comer:
Come lentamente y con atención.
Observa los colores, olores y texturas de la comida.

Mastica conscientemente y saborea cada bocado.
Siente la gratitud por los alimentos que estás consumiendo.

Meditación de Bondad Amorosa (Loving-Kindness):

Siéntate en una posición cómoda y cierra los ojos.
Dirige pensamientos de bondad hacia ti mismo, luego hacia alguien querido, después hacia alguien neutral y, finalmente, hacia alguien con quien puedas tener dificultades.
Repite frases como "Que yo/tú/él/ella sea feliz, que yo/tú/él/ella esté seguro(a), que yo/tú/él/ella esté en paz."

Meditación de Observación de Pensamientos:

Siéntate cómodamente y cierra los ojos.
Observa tus pensamientos como si fueran nubes pasando en el cielo.
No te apegues a ningún pensamiento, simplemente obsérvalos y déjalos ir.
Recuerda que no eres tus pensamientos; eres el observador de ellos.

Meditación de Conciencia Sonora:

Encuentra un lugar tranquilo y siéntate en silencio.
Presta atención a los sonidos a tu alrededor, ya sean cercanos o distantes.
En lugar de etiquetar o juzgar los sonidos, obsérvalos sin apegarte.
Siente cómo los sonidos vienen y van.

Meditación de Agradecimiento:

Siéntate en una posición relajada.

Piensa en tres cosas por las que te sientas agradecido en este momento.
Sumérgete en el sentimiento de gratitud por cada una.
Expande gradualmente tu lista de cosas por las que te sientes agradecido.

Meditación de Visualización:
Cierra los ojos y visualiza un lugar tranquilo y sereno.
Imagina cada detalle: colores, sonidos, olores y sensaciones.
Sumérgete en este lugar mentalmente, permitiendo que te traiga calma y relajación.
Utiliza esta meditación en momentos de estrés para encontrar un refugio mental.

La variedad en las prácticas de mindfulness permite adaptar la meditación a las preferencias individuales. Experimenta con estas diferentes técnicas para encontrar las que más resuenen contigo y se adapten a tus necesidades específicas.

Cuarta Parte

Cositas que solo te traerán bienestar...

Leer

En una época en la que el tiempo frente a la pantalla supera al tiempo dedicado a los libros, el simple pero poderoso acto de leer un libro puede mejorar su bienestar anímico. Con el tiempo, la lectura se ha convertido en una forma de relajación, escape e incluso terapia. La lectura no solo puede brindarnos conocimientos y mejorar nuestras habilidades cognitivas, sino también estimular la imaginación, promover la empatía, reducir el estrés e incluso tratar afecciones graves como la ansiedad y la depresión

La lectura, una actividad que muchos disfrutan por su entretenimiento y valor educativo, puede tener un profundo efecto en la vida, en todos sus estadíos. Este acto aparentemente simple puede transportarnos a mundos diferentes, presentarnos nuevas perspectivas y ofrecer una forma de escape de nuestro estrés diario. Pero más allá de estos beneficios inmediatos, la lectura puede desempeñar un papel importante en el apoyo a nuestro bienestar psicológico.

Una forma en que la lectura puede afectar positivamente nuestro estado mental es promover la relajación y reducir el estrés.

Sumergirnos en un buen libro puede proporcionar una forma de distracción que permite que nuestras mentes se relajen y descansen. Nos brinda un descanso de nuestros factores estresantes y un escape temporal del mundo real, brindando un refugio mental que puede calmar nuestras mentes y cuerpos.

La lectura también puede estimular nuestra mente y mantener nuestras habilidades cognitivas en forma. Involucra varios procesos mentales como la memoria, la atención y la red neuronal involucrada en la comprensión y conexión de ideas. Esta estimulación mental puede ayudar a proteger contra el deterioro cognitivo y mejorar la función cognitiva general.

Además, la biblioterapia, el uso de libros como dispositivos terapéuticos, ha ganado reconocimiento en el campo de la psicología. Los libros, en particular los libros de autoayuda o crecimiento y desarrollo personal, ojalá con un enfoque psicológico, pueden ofrecer estrategias y puntos de vista para manejar la ansiedad y la depresión, sirviendo, así como un complemento útil para la terapia o medicación tradicional.

Beneficios psicológicos de la lectura:

Reducción de estrés: Se ha demostrado que la lectura es un método eficaz para controlar y reducir el estrés. Cuando leemos, nos sumergimos en otro mundo, lo que desvía nuestra mente de las presiones diarias.

Sueño mejorado: Incorporar una rutina de lectura antes de acostarse puede ser una excelente manera de mejorar la calidad del sueño.

En un mundo donde las pantallas dominan nuestras noches, elegir leer un libro físico antes de acostarnos puede disminuir nuestra exposición a la luz azul emitida por teléfonos y computadoras portátiles, que se sabe que interfiere con el sueño. La lectura puede ayudar a establecer una rutina de sueño, indicando al cuerpo que es hora de relajarse.

Además, como la lectura calma la mente, puede ser especialmente beneficiosa para aquellos que luchan contra el insomnio debido a la ansiedad o una mente hiperactiva por la noche.

Empatía mejorada: La lectura, particularmente la ficción, juega un papel importante en la mejora de las habilidades empáticas de una persona. La ficción permite a los lectores vivir indirectamente a través de los personajes, experimentando sus emociones, luchas y triunfos. Esto, a su vez, fomenta una comprensión y una apreciación más profundas de las diversas experiencias y emociones humanas.

Reducción de los síntomas de la depresión: La lectura también puede ser beneficiosa para controlar los síntomas de la depresión. Se ha demostrado que participar en libros de autoayuda, en particular, es útil para las personas que lidian con la depresión. La biblioterapia, o terapia a través de libros, suele recomendarse como tratamiento complementario para la depresión.

Consejos útiles para incorporar la lectura en su vida diaria:
Incorporar la lectura en tu rutina diaria puede parecer un desafío, especialmente en un mundo acelerado. Sin embargo, se puede hacer con unos sencillos y prácticos pasos:

Establecer una meta de lectura: Esto podría ser tan simple como decidir leer una cierta cantidad de páginas o durante un período de tiempo específico cada día. Un objetivo proporciona un objetivo claro al que apuntar y te mantiene motivado.

Establecer una rutina de lectura: Encuentra una hora del día que te funcione mejor para leer. Esto podría ser en la mañana con su café, durante el almuerzo o antes de acostarse. Haga de esto una parte constante de su rutina.

Ten siempre un libro a mano: Ya sea un libro físico o un libro electrónico en su dispositivo, tener un libro con usted en todo momento significa que puede llenar el tiempo de inactividad (como esperar citas o durante los viajes) con la lectura.

Crear un entorno de lectura: Establece un lugar cómodo y tranquilo en su hogar específicamente para leer. Esto puede hacer que su tiempo de lectura sea algo que anhele, un tiempo de relajación y paz.

Únete a un club de lectura o grupo de lectura: Esto puede proporcionar motivación para leer regularmente y ofrece el beneficio adicional de la conexión social.

Elige libros que te interesen: Es más probable que sigas leyendo si eliges libros que realmente despierten tu interés. *No te sientas presionado a leer ciertos libros solo porque son populares o muy recomendados. Si un libro no resuena contigo, está bien dejarlo de lado e intentar otra cosa.*

No es estrictamente necesario que la lectura sea de un libro, revistas, folletos, periódicos, comics, lo que prefieras.

Lecturas recomendadas

La selección de libros impactantes y poderosos para la salud mental y el desarrollo personal puede variar según las preferencias y necesidades individuales. Sin embargo, aquí te presento una lista de libros que han sido reconocidos por su influencia positiva en estas áreas:

"¡Vive la vida de tus sueños! Tu guía paso a paso para lograr el éxito" de Brian Tracy
En este libro, Tracy proporciona un plan de acción paso a paso para ayudarte a alcanzar tus sueños y objetivos.

"El poder del ahora" de Eckhart Tolle
Un clásico que explora la importancia de vivir en el momento presente y liberarse de las preocupaciones del pasado y el futuro.

"Inteligencia emocional" de Daniel Goleman
Goleman explora la importancia de las habilidades emocionales en el éxito personal y profesional, proporcionando herramientas prácticas para el desarrollo de la inteligencia emocional.

"Come esa rana: Técnicas infalibles para acabar con la postergación" de Brian Tracy
Tracy aborda el principio de "come esa rana", que significa abordar las tareas más desafiantes primero, para mejorar la productividad.

"La plenitud de la vida" de Thich Nhat Hanh

Este libro del maestro budista Thich Nhat Hanh aborda el mindfulness y la importancia de vivir conscientemente en cada momento.

"El arte de amar" de Erich Fromm

Fromm explora el significado del amor y ofrece perspectivas valiosas sobre cómo construir relaciones armoniosas.

"Cómo hacer que te pasen cosas buenas" de Marian Rojas Estapé

Un enfoque práctico sobre la psicología positiva y la creación de una mentalidad positiva para atraer experiencias positivas.

"El poder del hábito" de Charles Duhigg

Duhigg explora la ciencia detrás de la formación de hábitos y cómo cambiar comportamientos para mejorar la vida diaria.

"Reinventarse: Tu segunda oportunidad" de Mario Alonso Puig

En este libro, el autor explora la idea de la reinvención personal y cómo podemos encontrar nuevas oportunidades en medio del cambio.

"Madera de líder: Claves para el desarrollo de las capacidades de dirección" de Mario Alonso Puig

Este libro se centra en el liderazgo, ofreciendo claves y consejos para desarrollar habilidades de dirección efectivas.

"Ahora yo" de Mario Alonso Puig

Puig reflexiona sobre la importancia de tomar control de nuestras vidas y vivir de acuerdo con nuestros propios valores y objetivos.

"Vivir es un asunto urgente" de Mario Alonso Puig
En este libro, el autor aborda la importancia de vivir de manera consciente y plena, aprovechando cada momento como si fuera el último.

"La mente consciente" de Gerald Hüther
Este libro aborda el funcionamiento del cerebro y cómo la mente consciente puede influir en el bienestar general.

"Radical Acceptance" de Tara Brach
Tara Brach combina la psicología occidental con la sabiduría budista para explorar la importancia de la aceptación radical para la sanación personal.

"El monje que vendió su Ferrari" de Robin Sharma
Una novela inspiradora que presenta lecciones de vida y desarrollo personal a través de la historia de un abogado exitoso que busca significado en su vida.

"El cerebro del futuro" de Stanislas Dehaene
Dehaene explora cómo el cerebro humano puede adaptarse y cambiar, ofreciendo una visión optimista del desarrollo personal y la mejora continua.

"Dónde tus sueños te lleven" de Javier Iriondo
Una obra que motiva a los lectores a perseguir sus sueños y superar obstáculos para alcanzar el crecimiento personal.

"La magia del orden" de Marie Kondo
Aunque se centra en la organización del hogar, este libro también aborda la relación entre el orden físico y el bienestar mental.

"El camino de la autodependencia" de Jorge Bucay
Bucay ofrece reflexiones sobre la autenticidad y la importancia de depender de uno mismo para la felicidad.

"Cómo ganar amigos e influir sobre las personas" de Dale Carnegie
Un clásico sobre habilidades sociales y comunicación efectiva que sigue siendo relevante para el desarrollo personal.

"Mindfulness en la vida cotidiana" de Jon Kabat-Zinn
Kabat-Zinn, pionero en la introducción del mindfulness en entornos médicos, comparte prácticas de mindfulness para integrar en la vida diaria.

"El poder de la vulnerabilidad" de Brené Brown
Brown explora la importancia de abrazar la vulnerabilidad para cultivar conexiones significativas y una vida plena.

"Meditaciones" de Marco Aurelio
Una obra clásica que presenta las reflexiones filosóficas de Marco Aurelio sobre la vida, la virtud y el autocontrol.

"Piensa rápido, piensa despacio" de Daniel Kahneman
Kahneman, premio Nobel de Economía, explora los procesos mentales que influyen en la toma de decisiones y cómo entenderlos puede mejorar nuestras vidas.

"El camino de la felicidad" de Dalai Lama
El Dalai Lama comparte sabiduría sobre cómo encontrar la felicidad a través de la compasión y la sabiduría interior.

"Atomic Habits" de James Clear

Clear ofrece estrategias prácticas para construir hábitos positivos y romper patrones negativos.

"La semana laboral de 4 horas" de Timothy Ferriss
Ferriss explora cómo maximizar la eficiencia en el trabajo y crear un estilo de vida equilibrado.

"El arte de no amargarse la vida" de Rafael Santandreu
Santandreu comparte pautas psicológicas para crear una mentalidad positiva y superar las adversidades.

"Man's Search for Meaning" de Viktor Frankl
Frankl, un superviviente del Holocausto, reflexiona sobre la búsqueda de significado en la vida, incluso en circunstancias difíciles.

"La trampa de la felicidad" de Russ Harris
Harris explora cómo las expectativas poco realistas pueden afectar nuestra felicidad y propone enfoques basados en la terapia de aceptación y compromiso.

"La semana laboral de 4 horas" de Timothy Ferriss
Ferriss comparte estrategias para optimizar el tiempo y lograr un estilo de vida más equilibrado.

"El camino menos transitado" de M. Scott Peck
Un clásico de la autoayuda que explora el crecimiento personal y la espiritualidad.

"El arte de amar lo que haces" de Jeff Goins
Goins ofrece consejos sobre cómo encontrar y perseguir la pasión en el trabajo.

"El cerebro idiota" de Dean Burnett
Burnett explora la neurociencia de la mente y cómo entenderla puede mejorar nuestra salud mental.

"La sutil artesanía de no dar un maldito" de Mark Manson
Manson aborda la importancia de enfocarse en lo que realmente importa para encontrar la felicidad.

"Contra la felicidad" de Eric G. Wilson
Wilson desafía la obsesión moderna con la felicidad y aboga por abrazar la tristeza y la oscuridad para una vida más plena.

"La alegría de vivir" de Yongey Mingyur Rinpoché
Rinpoché explora la conexión entre la práctica del mindfulness y la verdadera alegría de vivir.

"El código de la emoción" de Dr. Bradley Nelson
Nelson explora cómo liberar emociones atrapadas puede tener un impacto positivo en la salud física y mental.

"Esto es agua" de David Foster Wallace
Una adaptación de un famoso discurso, Wallace reflexiona sobre la conciencia y la elección en la vida diaria.

"La ecuanimidad" de Pema Chödrön
Chödrön, monja budista, ofrece sabiduría sobre cómo nace la ecuanimidad en medio de la adversidad.

"Mindset: La nueva psicología del éxito" de Carol S. Dweck
Dweck explora la mentalidad fija frente a la mentalidad de crecimiento y cómo esta última puede influir en el éxito y la felicidad.

"El cerebro emocional" de Joseph Ledoux
Ledoux explora la conexión entre las emociones y el cerebro, ofreciendo una comprensión profunda de cómo nuestras mentes procesan y responden a las emociones.

"La psicología de la autorrealización" de Abraham H. Maslow
Maslow presenta su famosa jerarquía de necesidades y explora la búsqueda de la autorrealización y el potencial humano.

"El arte de ser feliz" de Arthur Schopenhauer
Schopenhauer ofrece reflexiones filosóficas sobre la búsqueda de la felicidad y la realización personal.

"El camino de la autenticidad" de Víctor Küppers
Küppers comparte reflexiones sobre la importancia de ser auténtico y vivir de acuerdo con nuestros valores.

"El poder del pensamiento positivo" de Norman Vincent Peale
Peale aborda cómo el pensamiento positivo puede influir en la vida cotidiana y contribuir al éxito personal.

"El arte de callar" de Eckhart Tolle
Tolle explora la paz interior a través del silencio y la quietud.

"El don de la imperfección" de Brené Brown
Brown aborda la importancia de abrazar la vulnerabilidad y la imperfección para vivir una vida auténtica.

"Mindfulness: guía práctica para encontrar la paz en un mundo frenético" de Mark Williams y Danny Penman

Williams y Penman ofrecen una guía práctica sobre cómo incorporar el mindfulness en la vida diaria.

"El viaje del héroe" de Joseph Campbell

Campbell explora el concepto del "viaje del héroe" como un arquetipo en las narrativas y cómo puede aplicarse a la vida real.

"En el camino del bienestar" de Matthieu Ricard

Ricard, monje budista y científico, explora la conexión entre la mente y el bienestar a través de la práctica del mindfulness.

"La travesía del corazón" de John Welwood

Welwood combina la psicología occidental con la espiritualidad oriental, explorando la conexión entre el amor y la autenticidad.

"El arte de la felicidad" de Dalai Lama y Howard Cutler

Un diálogo entre el Dalai Lama y un psiquiatra occidental sobre cómo alcanzar la felicidad duradera.

"Psicocibernética" de Maxwell Maltz

Maltz explora la conexión entre la imagen mental y el éxito personal, abordando la importancia de cambiar las percepciones internas.

"El cuerpo lleva la cuenta" de Bessel van der Kolk

Van der Kolk examina cómo el trauma afecta al cuerpo y la mente, y cómo superar las secuelas a través de enfoques terapéuticos.

"El monje que vendió su ferarri" de Robin Sharma
Sharma ofrece lecciones de vida a través de la historia de un abogado exitoso que busca significado y autenticidad en su vida.

Agradecimiento

GRACIAS   Obrigado   Merci   DANKE   Thank You

    El agradecimiento, esa cualidad tan simple y a la vez tan poderosa, actúa como un faro luminoso en la travesía de la vida. Es más que una expresión de cortesía; es una actitud que transforma la percepción y da forma a la experiencia diaria. El caso no es agradecer **POR** todo, es agradecer **EN** todo.

    Cuando cultivamos el hábito de la gratitud, abrimos las puertas a un mundo de posibilidades positivas. *No se trata simplemente de enumerar bendiciones, sino de sumergirse en la profunda apreciación por las pequeñas maravillas que salpican nuestra existencia. Desde el sol que acaricia la piel hasta la sonrisa de un ser querido, cada momento se convierte en una oportunidad para agradecer.*

    El agradecimiento no solo ilumina el presente, sino que también proyecta su luz hacia el pasado y el futuro. Reflexionar sobre las experiencias gratificantes de ayer nutre la conexión con la historia personal, mientras que la gratitud en el presente, siembra semillas para un mañana lleno de esperanza.

En medio de los desafíos y las adversidades, el agradecimiento actúa como un bálsamo sanador. Nos invita a cambiar la lente con la que vemos el mundo, enfocándonos en lo que tenemos en lugar de lo que nos falta. En la práctica de la gratitud, descubrimos que incluso en los momentos difíciles hay lecciones que agradecer y oportunidades de crecimiento que se fortalecen.

La gratitud también se convierte en un puente que une a las personas. Expresar agradecimiento no solo eleva el espíritu de quien lo recibe, sino que también fortalece los lazos emocionales. En la comunión de la gratitud, se teje una red de apoyo y comprensión que trasciende las palabras.

Además, el agradecimiento nos invita a ser conscientes de la abundancia que nos rodea. En un mundo obsesionado con la carencia, reconocer y apreciar lo que ya tenemos se convierte en una fuente inagotable de riqueza interior. La gratitud nos recuerda que la verdadera abundancia no se mide en posesiones materiales, sino en la plenitud del corazón.

El agradecimiento es un recordatorio constante de que la vida, con todas sus complejidades y altibajos, es un regalo. Entregarnos a la gratitud no solo nos permite saborear más profundamente cada momento, sino que también transforma la perspectiva, convirtiendo incluso los desafíos en oportunidades de crecimiento y aprendizaje. En el arte de agradecer, encontramos una llave maestra que abre las puertas a una vida más rica y plena.

Aquí te dejo una lista de 200 frases de agradecimiento que abarcan diversas áreas de la vida. Puedes utilizarlas para expresar gratitud en diferentes situaciones y momentos:

1. Agradezco el sol que ilumina cada nuevo día.
2. Gracias por las pequeñas sonrisas que alegran mi jornada.
3. Estoy agradecido por la oportunidad de aprender algo nuevo cada día.
4. Agradezco la calidez de un abrazo en los días difíciles.
5. Gracias por la comida que nutre mi cuerpo y alma.
6. Estoy agradecido por la belleza de la naturaleza que me rodea.
7. Agradezco la comodidad de un hogar acogedor.
8. Gracias por la música que eleva mi espíritu.
9. Estoy agradecido por la paz que encuentro en momentos de silencio.
10. Agradezco la salud que me permite disfrutar de la vida.
11. Gracias por la sabiduría que adquiero de las experiencias.
12. Estoy agradecido por la oportunidad de amar y ser amado.
13. Agradezco la alegría que encuentro en las pequeñas cosas.
14. Gracias por los desafíos que me hacen más fuerte.
15. Estoy agradecido por la libertad de elegir mi camino.
16. Agradezco la inspiración que encuentro en los demás.
17. Gracias por la amistad que ilumina mi vida.
18. Estoy agradecido por la oportunidad de crecer cada día.
19. Agradezco la paciencia que me brindan los demás.
20. Gracias por la emoción que aportan los nuevos comienzos.
21. Estoy agradecido por la capacidad de soñar y aspirar a más.
22. Agradezco la tecnología que facilita la conexión con otros.
23. Gracias por el consuelo que encuentro en los momentos difíciles.
24. Estoy agradecido por la oportunidad de viajar y explorar.
25. Agradezco la educación que me permite expandir mi mente.

26. Gracias por el tiempo que comparten conmigo.
27. Estoy agradecido por la diversidad que enriquece mi vida.
28. Agradezco la generosidad que encuentro en los demás.
29. Gracias por la empatía que me ayuda a comprender.
30. Estoy agradecido por la serenidad que encuentro en la meditación.
31. Agradezco la creatividad que fluye en todas las formas.
32. Gracias por la honestidad que fortalece las relaciones.
33. Estoy agradecido por la humildad que me permite aprender.
34. Agradezco la paciencia que tengo conmigo mismo.
35. Gracias por la risa que ilumina los días grises.
36. Estoy agradecido por la gratitud que transforma la vida.
37. Agradezco la posibilidad de perdonar y ser perdonado.
38. Gracias por la compasión que cura heridas.
39. Estoy agradecido por la perseverancia que lleva al éxito.
40. Agradezco la valentía que me impulsa a superar miedos.
41. Gracias por la oportunidad de descubrir nuevas pasiones.
42. Estoy agradecido por la capacidad de adaptación que me permite fluir.
43. Agradezco la bondad que encuentro en actos simples.
44. Gracias por la curiosidad que mantiene viva mi mente.
45. Estoy agradecido por la seguridad que encuentro en el amor.
46. Agradezco la resistencia que me ayuda a enfrentar desafíos.
47. Gracias por la tranquilidad que encuentro en la naturaleza.
48. Estoy agradecido por la esperanza que guía mis sueños.
49. Agradezco la lealtad que fortalece las relaciones.
50. Gracias por la gratitud que transforma la realidad.
51. Estoy agradecido por la honestidad que construye confianza.

52. Agradezco la confianza que me brindan los demás.
53. Gracias por la tolerancia que permite la convivencia.
54. Estoy agradecido por la emoción que aporta la aventura.
55. Agradezco la claridad que encuentro en la reflexión.
56. Gracias por la motivación que impulsa el crecimiento.
57. Estoy agradecido por la inspiración que encuentro en el arte.
58. Agradezco la amabilidad que marca la diferencia.
59. Gracias por la voluntad de aprender de los errores.
60. Estoy agradecido por la sabiduría que encuentro en la vida.
61. Agradezco la luz que ilumina los momentos oscuros.
62. Gracias por la resistencia que me ayuda a superar obstáculos.
63. Estoy agradecido por la paciencia que tengo con los demás.
64. Agradezco la generosidad que crea un mundo mejor.
65. Gracias por la inspiración que encuentro en los retos.
66. Estoy agradecido por la capacidad de perdonar y seguir adelante.
67. Agradezco la flexibilidad que me permite adaptarme.
68. Gracias por la comprensión que fortalece relaciones.
69. Estoy agradecido por la oportunidad de aprender de los demás.
70. Agradezco la positividad que contagia alegría.
71. Gracias por la oportunidad de ser un faro de luz para alguien más.
72. Estoy agradecido por la valentía que surge de la vulnerabilidad.
73. Agradezco la conexión que siento con el mundo.
74. Gracias por la inspiración que encuentro en las historias de vida.

75. Estoy agradecido por la paz que encuentro en lo básico de la vida.
76. Agradezco la belleza que se revela en los momentos cotidianos.
77. Gracias por la oportunidad de experimentar la vida plenamente.
78. Estoy agradecido por la resiliencia que me permite sobreponerme.
79. Agradezco la fortaleza que encuentro en momentos difíciles.
80. Gracias por la oportunidad de expresar mi amor a los demás.
81. Estoy agradecido por la oportunidad de ser un agente de cambio.
82. Agradezco la autenticidad que encuentro en las relaciones.
83. Gracias por la oportunidad de explorar nuevas perspectivas.
84. Estoy agradecido por la oportunidad de ser yo mismo.
85. Agradezco la oportunidad de aprender de los desafíos.
86. Gracias por la humildad que me permite reconocer errores.
87. Estoy agradecido por la abundancia que encuentro en mi vida.
88. Agradezco la gratitud que se multiplica al compartirla.
89. Gracias por la oportunidad de vivir con propósito.
90. Estoy agradecido por la oportunidad de crear recuerdos felices.
91. Agradezco la oportunidad de dar y recibir amor sin condiciones.
92. Gracias por la confianza que me brindan los seres queridos.

93. Estoy agradecido por la oportunidad de crecer a través del cambio.
94. Agradezco la oportunidad de contribuir al bienestar de otros.
95. Gracias por la inspiración que encuentro en la naturaleza.
96. Estoy agradecido por la oportunidad de vivir en armonía.
97. Agradezco la oportunidad de ser consciente del presente.
98. Gracias por la oportunidad de encontrar significado en la vida.
99. Estoy agradecido por la oportunidad de ser resiliente.
100. Agradezco la oportunidad de abrazar la diversidad en el mundo.
101. Agradezco la oportunidad de aprender de las adversidades.
102. Gracias por la oportunidad de expresar mi creatividad.
103. Estoy agradecido por la oportunidad de construir relaciones sanas.
104. Agradezco la posibilidad de abrazar la autenticidad en mi vida.
105. Gracias por la oportunidad de aprender de las críticas constructivas.
106. Estoy agradecido por la oportunidad de ser un canal de amor y compasión.
107. Agradezco la oportunidad de ser resiliente ante los desafíos.
108. Gracias por la oportunidad de cultivar la paciencia en mi vida diaria.
109. Estoy agradecido por la oportunidad de celebrar los logros, grandes y pequeños.
110. Agradezco la posibilidad de disfrutar momentos de paz interior.
111. Gracias por la oportunidad de tener una mente positiva.

112. Estoy agradecido por la oportunidad de aprender lecciones valiosas de la vida.
113. Agradezco la posibilidad de experimentar la gratitud en cada día.
114. Gracias por la oportunidad de expresar mi amor a través de acciones.
115. Estoy agradecido por la oportunidad de ser una fuente de inspiración para otros.
116. Agradezco la posibilidad de contribuir al bienestar de quienes me rodean.
117. Gracias por la oportunidad de aprender a soltar lo que ya no me sirve.
118. Estoy agradecido por la posibilidad de transformar desafíos en oportunidades.
119. Agradezco la oportunidad de encontrar alegría en las pequeñas cosas.
120. Gracias por la posibilidad de aprender del pasado y vivir en el presente.
121. Estoy agradecido por la oportunidad de ser un estudiante constante de la vida.
122. Agradezco la posibilidad de experimentar la belleza en todas sus formas.
123. Gracias por la oportunidad de aprender a vivir con intención.
124. Estoy agradecido por la posibilidad de vivir la compasión hacia mí mismo.
125. Agradezco la oportunidad de practicar la tolerancia y aceptación.
126. Gracias por la posibilidad de aprender a soltar el control.
127. Estoy agradecido por la oportunidad de encontrar significado en los desafíos.
128. Agradezco la posibilidad de aprender a vivir con gratitud.

129. Gracias por la oportunidad de ser consciente de mis pensamientos y emociones.
130. Estoy agradecido por la posibilidad de aprender a vivir en armonía con la naturaleza.
131. Agradezco la oportunidad de ser un canal de bondad y amabilidad.
132. Gracias por la posibilidad de aprender a dejar ir lo que no puedo cambiar.
133. Estoy agradecido por la oportunidad de experimentar la serenidad interior.
134. Agradezco la posibilidad de aprender a perdonar y liberar resentimientos.
135. Gracias por la oportunidad de ser un recipiente de amor incondicional.
136. Estoy agradecido por la posibilidad de aprender de las experiencias de otros.
137. Agradezco la oportunidad de ser testigo del crecimiento y desarrollo personal.
138. Gracias por la posibilidad de aprender a abrazar la diversidad.
139. Estoy agradecido por la oportunidad de aprender a vivir con humildad.
140. Agradezco la posibilidad de experimentar momentos de pura felicidad.
141. Gracias por la oportunidad de aprender a vivir con aceptación.
142. Estoy agradecido por la posibilidad de ser un faro de luz para otros.
143. Agradezco la oportunidad de aprender a vivir con gratitud.
144. Gracias por la posibilidad de experimentar la conexión con el universo.

145. Estoy agradecido por la oportunidad de aprender de los desafíos inesperados.

146. Agradezco la posibilidad de ser un agente de cambio positivo en el mundo.

147. Gracias por la oportunidad de aprender a vivir con presencia plena.

148. Estoy agradecido por la posibilidad de experimentar la alegría en el servicio a otros.

149. Agradezco la oportunidad de aprender a vivir con valentía.

150. Gracias por la posibilidad de ser una fuente de inspiración para mí mismo.

151. Estoy agradecido por la oportunidad de aprender a vivir con desapego.

152. Agradezco la posibilidad de experimentar la gratitud en la adversidad.

153. Gracias por la oportunidad de aprender a vivir con autenticidad.

154. Estoy agradecido por la posibilidad de ser un observador consciente de la vida.

155. Agradezco la oportunidad de aprender a vivir con equilibrio.

156. Gracias por la posibilidad de experimentar la belleza a través de mis ojos.

157. Estoy agradecido por la oportunidad de aprender a vivir con propósito.

158. Agradezco la posibilidad de ser un canal de amor y compasión.

159. Gracias por la oportunidad de aprender a vivir con gratitud.

160. Estoy agradecido por la posibilidad de experimentar la conexión con otros.

161. Agradezco la oportunidad de aprender a vivir con paciencia.
162. Gracias por la posibilidad de ser un faro de luz para quienes lo necesitan.
163. Estoy agradecido por la oportunidad de aprender a vivir con aceptación.
164. Agradezco la posibilidad de experimentar la paz interior.
165. Gracias por la oportunidad de aprender a vivir con compasión.
166. Estoy agradecido por la posibilidad de ser un recipiente de bondad.
167. Agradezco la oportunidad de aprender a vivir con conexión espiritual.
168. Gracias por la posibilidad de experimentar la sabiduría de la vida.
169. Estoy agradecido por la oportunidad de aprender a vivir con apertura de corazón.
170. Agradezco la posibilidad de ser un canal de paz para el mundo.
171. Gracias por la oportunidad de aprender a vivir con presencia plena.
172. Estoy agradecido por la posibilidad de experimentar la alegría en las relaciones.
173. Agradezco la oportunidad de aprender a vivir con resiliencia.
174. Gracias por la posibilidad de ser un agente de cambio en mi propia vida.
175. Estoy agradecido por la oportunidad de aprender a vivir con propósito.
176. Agradezco la posibilidad de experimentar la gratitud en cada momento.
177. Gracias por la oportunidad de aprender a vivir con aceptación.

178. Estoy agradecido por la posibilidad de ser un ser en constante evolución.

179. Agradezco la oportunidad de aprender a vivir con aceptación.

180. Gracias por la posibilidad de experimentar la conexión con el universo.

181. Estoy agradecido por la oportunidad de aprender a vivir con equilibrio.

182. Agradezco la posibilidad de ser un faro de luz para el mundo.

183. Gracias por la oportunidad de aprender a vivir con desapego.

184. Estoy agradecido por la lluvia que me moja.

185. Agradezco la oportunidad de aprender a vivir con propósito.

186. Gracias por la posibilidad de ser un canal de amor y compasión.

187. Estoy agradecido por la oportunidad de aprender a vivir con gratitud.

188. Agradezco la posibilidad de experimentar la conexión con otros.

189. Gracias por la oportunidad de aprender a vivir con paciencia.

190. Estoy agradecido por la posibilidad de ser un faro de luz para quienes lo necesitan.

191. Agradezco la oportunidad de aprender a vivir con aceptación.

192. Gracias por la posibilidad de experimentar la paz interior.

193. Estoy agradecido por la oportunidad de aprender a vivir con compasión.

194. Agradezco la posibilidad de ser un recipiente de bondad.

195. Gracias por la oportunidad de aprender a vivir con conexión espiritual.
196. Estoy agradecido por la posibilidad de experimentar la sabiduría de la vida.
197. Agradezco la oportunidad de aprender a vivir con apertura de corazón.
198. Gracias por la posibilidad de ser un canal de paz para el mundo.
199. Estoy agradecido por la oportunidad de aprender a vivir con presencia plena.
200. Agradezco la posibilidad de experimentar la alegría en las relaciones.

Espero que encuentres estas frases de agradecimiento inspiradoras y resonantes para diversas áreas de tu vida.

Pensamientos positivos

Los pensamientos positivos son como semillas que plantamos en el jardín de nuestra mente, floreciendo en vibrantes flores de bienestar y optimismo. Son la chispa que enciende la llama de la esperanza, transformando no solo la percepción que tenemos de nosotros mismos, sino también la forma en que enfrentamos los desafíos que nos presenta la vida.

Eso sí, no confundamos el pensamiento positivo con "pensar en la belleza del arcoíris" o "qué maravilloso es el mundo y las personas, viva el amor".

No, eso tampoco es sano. El pensamiento positivo no significa que no tengas problemas, ni que vayas a dejar de tenerlos. Lo que sí te dará un pensamiento positivo es la posibilidad de salir de esos problemas con mayor facilidad y con mayor aprendizaje y enriquecimiento. La persona optimista incrementa su coeficiente de inteligencia en hasta 3 puntos, respecto a un pesimista y es percibido por los demás como una persona que sabe gestionar la adversidad. Y coincidimos en que esto es muy importante en la vida privada, en las relaciones y en las organizaciones.

Cuando tenemos pensamientos positivos, estamos construyendo un cimiento sólido para nuestra salud mental y emocional. Estos pensamientos actúan como arquitectos de nuestra realidad, dando forma a nuestras emociones y decisiones. No se trata de negar las dificultades o los momentos difíciles, sino de elegir conscientemente enfocar la mente en las posibilidades, soluciones y aspectos positivos de cada situación.

La influencia de los pensamientos positivos se extiende más allá de las circunstancias externas; afecta la relación que tenemos con nosotros mismos y con los demás. Al adoptar una mentalidad positiva, no solo aumentamos nuestra autoestima y confianza, sino que también irradiamos una energía que eleva y motiva a quienes nos rodean. Los pensamientos positivos, como ondas expansivas, crean un entorno propicio para la colaboración, la empatía y el crecimiento conjunto.

En momentos de desafío, los pensamientos positivos se convierten en faros que nos guían a través de la oscuridad. Nos proporcionan un anclaje emocional, recordándonos que, incluso en medio de la tormenta, hay luz y posibilidad de superación.

La positividad no niega la existencia de problemas, sino que nos capacita para enfrentarlos con una mentalidad abierta y resiliente.

La ciencia respalda la huella de los pensamientos positivos en el cerebro y sus excelentes consecuencias para la salud en general. Se ha demostrado que una actitud optimista puede reducir los niveles de estrés, fortalecer el sistema inmunológico y mejorar la calidad de vida en general. La mente positiva se convierte en un aliado valioso en la búsqueda del bienestar integral.

Mantener pensamientos positivos es un ejercicio diario, una práctica consciente que requiere atención y esfuerzo. Puede comenzar con simples afirmaciones diarias, reconocimientos de logros personales y la focalización en aspectos positivos en situaciones cotidianas. Al nutrir estos pensamientos, estamos construyendo un refugio interno que nos acompaña en el viaje de la vida, brindándonos fortaleza y resplandor, incluso en los días nublados.

El cerebro está diseñado para cambiar y reorganizarse de acuerdo a tus experiencias, tus experiencias de vida dejan nuevas conexiones en tu cerebro, pero lo más interesante es que los pensamientos también cuentan como experiencia, no importa si tu cerebro recibe información de un estímulo del entorno o de tu pensamiento o imaginación, lo que te sucede o lo que piensas tiene el mismo peso neurológico para tu cerebro. Si tienes pensamientos recurrentes que se repiten en tu mente, se van a convertir en rasgos neuronales o, dicho de otro modo, la repetición de pensamientos hace que se integren en tu red neuronal y hace que se consoliden en sinapsis, por lo que es más probable que en el futuro, sigas pensando más de lo mismo y sintiendo de la misma forma.

Si tienes pensamientos perturbadores acerca de tu familia o de tu empleo, estos pensamientos llevan a irritarte o enfadarte, lo que sucede es que estas integrando estos pensamientos y estos sentimientos asociados en la red neuronal, si te pasa de forma repetitiva creas una red neuronal a largo plazo con esos pensamientos y estados de humor tan desagradables, a esto se le llama Neuroplasticidad Dependiente de la Experiencia.

Esto un verdadero problema para aquellos que no tienen ningún control sobre sus procesos mentales, porque constantemente están a la deriva controlados por sus pensamientos, que generalmente son pensamientos poco amables y están siempre teniendo sentimientos difíciles, perdiendo el control de sus emociones y comportándose de forma errática.

Pero si tú tienes interés en recuperar el control de tu vida mental, entonces esta Neuroplasticidad dependiente de la experiencia, también es una buena noticia, porque si aprendes a influir voluntariamente en tus procesos mentales, estás estimulando tu maquinaria neuronal, para crear estados positivos de la mente, sentimientos gratificantes, y conductas alineadas con la vida que realmente quieres vivir, y tu cerebro va a integrar todo eso y te va ayudar a experimentar esa vida que tu escoges vivir.

La repetición de pensamientos positivos te ayuda a acomodar rutas neuronales que te sacan de la negatividad y la angustia y te permiten vivir más expansivamente.

Los pensamientos o afirmaciones positivas son básicamente una forma de autosugestión, que activa espacios mentales expansivos y calma la reactividad de zonas límbicas, encargadas de reactivar conductas de lucha o huida en nuestro sistema nervioso y cuando la mantenemos de forma sostenida se instalara en nuestro cerebro en forma de rasgos neuronales plantando las semillas de nuestras fortalezas internas.

Las afirmaciones positivas no son mágicas y no tienen el poder de cambiar las situaciones en sí mismas, pero si poseen el potencial para transformar la forma en que percibimos e interpretamos esas situaciones.

Al reemplazar la negatividad con nueva información nuevas regiones cerebrales son estimuladas y nuevas estructuras neuronales son establecidas, ayudándonos a desarrollar una mentalidad positiva y a romper las barreras que el pensamiento negativo pone en nuestro día a día.
Cuando realizas una de estas afirmaciones, básicamente estas creando una experiencia positiva en el momento presente, esto conecta nuevas neuronas, cuanto más practicas, más repites, más duradera será la relación entre estas neuronas y más vas a consolidar patrones de comportamiento positivo.

Aquí te dejo una lista de 200 pensamientos positivos, pero estoy segura que en tu vida encontrarás mil más.
1. Soy capaz de superar cualquier desafío que se presente.

2. Mi mente está llena de pensamientos positivos y mi vida está llena de experiencias positivas.
3. Mi fuerza interior es mayor que cualquier obstáculo.
4. Aprendo y crezco a través de cada experiencia.
5. Tengo el poder de crear cambios positivos en mi vida.
6. Soy merecedor de amor, felicidad y éxito.
7. Cada día es una oportunidad para ser mejor que ayer.
8. Mi capacidad para enfrentar dificultades es ilimitada.
9. Mi mente está clara, enfocada y llena de paz.
10. Mi vida está llena de abundancia en todas las áreas.
11. Soy dueño de mis decisiones y responsable de mi felicidad.
12. Atraigo solo relaciones saludables y positivas.
13. Estoy en control de mi vida y soy el arquitecto de mi destino.
14. Valoro y respeto mi cuerpo, mente y espíritu.
15. Mi vida está llena de posibilidades y oportunidades.
16. Mi potencial para el éxito es infinito.
17. Mi corazón está lleno de gratitud por las pequeñas y grandes bendiciones.
18. Soy una persona resiliente y puedo superar cualquier adversidad.
19. Miro hacia el futuro con esperanza y optimismo.
20. La paz comienza con una mente tranquila, y yo elijo la paz.
21. Mi capacidad para crear es ilimitada; hoy, creo un día asombroso.
22. Estoy rodeado de amor y apoyo.
23. Mis acciones están alineadas con mis valores y metas.
24. El amor y la bondad fluyen hacia mí y desde mí.
25. Acepto y amo a la persona que soy en este momento.
26. La gratitud transforma lo que tengo en suficiente.
27. Cada respiración que tomo me llena de calma y claridad.
28. Hoy elijo ser feliz y libre de preocupaciones.

29. Mi vida es un reflejo de mis pensamientos positivos y acciones positivas.
30. Soy un imán para experiencias positivas y personas inspiradoras.
31. Las oportunidades para el éxito están presentes en cada momento.
32. Soy el arquitecto de mi destino y construyo el futuro que deseo.
33. Mi corazón está lleno de amor y compasión por mí mismo y por los demás.
34. Mi mente está llena de pensamientos brillantes y creativos.
35. Soy dueño de mi tiempo y lo uso sabiamente para lograr mis metas.
36. Mis desafíos son oportunidades para crecer y mejorar.
37. Cada día es una nueva oportunidad para aprender y crecer.
38. La vida me brinda experiencias que me ayudan a evolucionar y aprender.
39. Soy un ser valioso, digno de amor y respeto.
40. Mi vida es un regalo y elijo vivirla con gratitud.
41. Aprendo de mis errores y los veo como oportunidades para crecer.
42. Mi energía positiva atrae cosas positivas hacia mí.
43. Soy capaz de tomar decisiones que están alineadas con mi bienestar.
44. La felicidad está presente en mi vida todos los días.
45. Mi corazón late al ritmo de la paz y la serenidad.
46. Atraigo relaciones saludables y enriquecedoras.
47. Mi vida está llena de alegría, risas y momentos felices.
48. Mi mente está llena de pensamientos que generan paz y tranquilidad.
49. La confianza en mí mismo me impulsa hacia el éxito.

50. Estoy rodeado de abundancia en todas sus formas.

51. La vida me presenta constantemente nuevas oportunidades para aprender y crecer.

52. Mi capacidad para superar desafíos es una prueba de mi fuerza interior.

53. Mi mente está llena de pensamientos positivos que crean mi realidad.

54. Mi luz interior ilumina mi camino incluso en los momentos más oscuros.

55. El amor fluye hacia mí y desde mí en todas las direcciones.

56. Mi corazón está lleno de gratitud por todas las experiencias de mi vida.

57. Soy el autor de mi historia y cada día escribo un capítulo positivo.

58. Mi mente está clara, enfocada y llena de determinación.

59. Mi vida está llena de propósito y significado.

60. Cada día es una oportunidad para hacer una diferencia positiva.

61. La felicidad es mi elección y hoy elijo ser feliz.

62. Mi cuerpo es un templo y lo cuido con amor y respeto.

63. Acepto los cambios con gracia y confianza en el proceso de la vida.

64. Soy capaz de adaptarme y prosperar en cualquier situación.

65. Mi esencia está llena de amor y compasión por mí mismo y por los demás.

66. Estoy en paz con mi pasado, presente y futuro.

67. Mi mente está libre de preocupaciones y llena de pensamientos positivos.

68. Hoy elijo soltar todo lo que ya no me sirve.

69. Mi vida está llena de momentos gratificantes y experiencias enriquecedoras.

70. Soy una persona valiente que enfrenta desafíos con determinación.
71. Mi capacidad para el éxito es ilimitada y estoy en el camino correcto.
72. Mi gratitud por la vida atrae aún más cosas por las que estar agradecido.
73. Mi corazón está lleno de amor hacia mí mismo y hacia los demás.
74. Soy un generador de oportunidades que me acercan a mis metas.
75. Mi presencia en el mundo tiene un propósito único y valioso.
76. La abundancia fluye hacia mí de maneras inesperadas.
77. Mi mente está llena de pensamientos que generan paz y felicidad.
78. Soy un ser lleno de potencial y estoy dispuesto a liberar ese potencial.
79. Mi vida está llena de alegría y risas contagiosas.
80. La positividad es una elección que hago en cada momento.
81. Mi corazón está lleno de compasión y empatía hacia mí mismo y hacia los demás.
82. Cada día es una oportunidad para crear recuerdos felices.
83. Soy capaz de superar cualquier miedo con valentía y determinación.
84. Mi vida está llena de propósito y contribuyo de manera grandiosa al mundo.
85. La felicidad es una elección y hoy elijo ser feliz.
86. Soy merecedor de todo lo bueno que la vida tiene para ofrecer.
87. Mi mente está llena de pensamientos poderosos que crean mi realidad.
88. La gratitud es mi actitud y transforma mi vida cotidiana.
89. Mi corazón late al ritmo de la gratitud y el amor.

90. Soy un ser valioso y digno de todos los éxitos que la vida tiene reservados para mí.
91. Mi vida está llena de momentos de paz y serenidad.
92. La confianza en mí mismo me impulsa hacia el éxito y la realización personal.
93. Mi cuerpo es mi templo y lo cuido con amor y respeto.
94. Soy capaz de superar cualquier desafío con gracia y determinación.
95. La paz y la armonía son fundamentales en mi vida diaria.
96. Mi capacidad para lograr mis metas es ilimitada.
97. Mi mente está llena de pensamientos positivos que atraen experiencias positivas.
98. Soy un imán para el amor y la alegría en todas sus formas.
99. Mi vida está llena de amor, gratitud y alegría.
100. Estoy en paz conmigo mismo y con el mundo que me rodea.
101. Mi corazón está lleno de amor y compasión por el mundo.
102. La positividad es mi brújula, y el optimismo guía mi camino.
103. Aprecio la maravilla de estar vivo y experimentar este momento.
104. Mi vida está llena de relaciones armoniosas y auténticas.
105. Soy capaz de aprender de cada experiencia y crecer constantemente.
106. Mi ser irradia una energía positiva que envuelve a quienes me rodean.
107. Acepto mis imperfecciones y me amo tal cual soy.
108. La resiliencia es mi gran poder, y puedo enfrentar cualquier tormenta.
109. Mi mente está abierta a nuevas posibilidades y oportunidades.
110. Soy un imán para la paz, la tranquilidad y la serenidad.

111. Mi capacidad para adaptarme me permite fluir con la vida.
112. Estoy en armonía con el flujo natural del universo.
113. Mi vida está llena de alegría y momentos de puro éxtasis.
114. Agradezco la abundancia que fluye en todas las áreas de mi vida.
115. La confianza en mí mismo es la base de mi éxito.
116. Soy valiente y enfrento el futuro con confianza.
117. Cada desafío es una oportunidad para crecer y aprender.
118. Mis pensamientos positivos crean mi realidad presente y futura.
119. Mi corazón late al ritmo de la gratitud y la felicidad.
120. La autenticidad es mi súper poder y guía mis elecciones.
121. La autocompasión me nutre y me ayuda a crecer.
122. Soy una fuente de amor y luz para los demás.
123. La gratitud es mi estado mental predeterminado.
124. Mi vida está llena de propósito y significado.
125. Acepto la plenitud de la vida con los brazos abiertos.
126. La sabiduría fluye a través de mí, guiándome en cada paso.
127. Mi corazón está lleno de perdón y liberación.
128. La serenidad reside en mi interior, siempre accesible.
129. Mi mente está clara y enfocada en mis metas.
130. La alegría es mi derecho de nacimiento y la reclamo en mi vida.
131. Cada día es una nueva oportunidad para ser la mejor versión de mí mismo.
132. Mi presencia tiene un choque positivo en quienes me rodean.
133. Estoy en paz con mi pasado y abrazo el presente con alegría.
134. La paciencia es mi aliada, permitiendo que la vida se desenvuelva a su propio ritmo.

135. La serenidad fluye a través de mí, calmando cualquier tormenta.
136. Soy una fuente de inspiración para mí mismo y para los demás.
137. Mi vida está llena de posibilidades y promesas emocionantes.
138. La resiliencia me permite superar cualquier adversidad.
139. Mi corazón late al ritmo de la confianza y la seguridad.
140. La autenticidad me empodera y me permite brillar con luz propia.
141. Soy un imán para la abundancia y la prosperidad.
142. La compasión hacia mí mismo crea espacio para la compasión hacia los demás.
143. Mi ser está conectado con la fuente infinita de amor y alegría.
144. La vida me brinda exactamente lo que necesito en cada momento.
145. Mi intuición es un guía sabio en mi viaje.
146. Acepto las lecciones de la vida con gratitud y humildad.
147. Mi capacidad para amar y ser amado es ilimitada.
148. La aceptación de mí mismo es la clave de mi bienestar.
149. Mi mente está llena de pensamientos que promueven la paz y la armonía.
150. Cada día es una oportunidad para expresar mi auténtico ser.
151. La vida me presenta desafíos que fortalecen mi espíritu.
152. Mi existencia tiene un propósito único y valioso.
153. La abundancia fluye hacia mí como un río inagotable.
154. Estoy rodeado/a de amor, incluso en los momentos más difíciles.
155. Mi mente está llena de pensamientos que nutren mi espíritu.

156. Soy una fuerza positiva en el mundo que contribuye al bien común.
157. La gratitud transforma mi realidad cotidiana en un regalo precioso.
158. Mi vida está llena de momentos gratificantes y profundos.
159. La aceptación de las circunstancias me permite encontrar la paz interior.
160. Mi corazón late al ritmo de la aceptación y la compasión.
161. La gratitud es mi brújula, guiándome hacia la plenitud.
162. Mi capacidad para crear es una manifestación de mi ser divino.
163. La autenticidad me libera para ser verdaderamente yo mismo.
164. Soy capaz de liberar cualquier carga emocional que no me sirva.
165. La paz interior es mi regalo diario para mí mismo.
166. Mi mente está llena de pensamientos que generan alegría y felicidad.
167. La confianza en la vida me permite abrazar lo desconocido.
168. Cada día es una bendición llena de posibilidades infinitas.
169. Mi corazón está lleno de amor por la vida en todas sus formas.
170. La compasión hacia mí mismo fluye como un río constante.
171. Mi vida está llena de oportunidades para aprender y crecer.
172. La resiliencia es mi respuesta a los desafíos que enfrento.
173. Soy una chispa de luz en el universo, radiante y única.
174. La vida me brinda experiencias que enriquecen mi alma.

175. Mi presencia en el mundo es valiosa.
176. La gratitud es el faro que ilumina mi camino.
177. Mi ser irradia amor y compasión hacia todos los seres.
178. Estoy en paz con mi pasado y confiado en mi futuro.
179. La serenidad es mi estado mental predeterminado.
180. Mi vida está llena de momentos de asombro y maravilla.
181. La aceptación de lo que es me libera para vivir plenamente.
182. Cada respiración me conecta con la energía vital del universo.
183. Soy un canal de amor y luz, compartiendo bondad con el mundo.
184. Mi capacidad para amar y ser amado es infinita.
185. La paz interior es mi regalo diario para mí mismo.
186. Estoy rodeado de amor y apoyo en todo momento.
187. Mi mente está llena de pensamientos que promueven la felicidad.
188. La autenticidad es mi camino hacia la libertad.
189. Mi corazón late al ritmo de la gratitud y la compasión.
190. Soy un imán para las oportunidades que alinean con mi bienestar.
191. La vida me brinda exactamente lo que necesito en cada momento.
192. Soy suficiente y capaz.
193. Mi capacidad para aprender y crecer es infinita.
194. Cada día es una nueva oportunidad para ser una versión mejor de mí mismo.
195. La aceptación de lo que es me libera de la resistencia.
196. Mi vida está llena de momentos de paz y serenidad.
197. Soy un canal de amor y compasión hacia mí mismo y hacia los demás.
198. La gratitud transforma mi realidad cotidiana en un regalo precioso.

199. Mi ser irradia luz y amor hacia el mundo que me rodea.
200. Soy capaz y suficiente para realizar cualquier cosa y alcanzar mis metas.

Espero que estas afirmaciones positivas te inspiren y fortalezcan tu salud mental. ¡Recuerda repetirlas con regularidad para mantener un estado mental positivo!

¡Bye! Hasta la próxima...

Mi mayor deseo es que disfrutes la vida, lo mereces, lo merecemos todos, a veces nos encontramos en situaciones tan irreales que pensamos "de esta no salgo", pero te aseguro, si se sale, se puede continuar y todo puede cambiar. En la vida no he estado con el agua hasta el cuello, ojalá fuera así, en la vida he estado en el fondo del pozo, cubierta por el lodo, en medio de una absoluta oscuridad, sin opción alguna y queriendo no seguir más. Pero cuando ya todo estaba perdido, vi las oportunidades, esas que siempre estuvieron ahí, y decidí, decidí aceptar la realidad, decidí continuar, decidí tener valor. Poco a poco llegó la ayuda, y la acepté, supe que sola no iba a salir del pozo, aprendí a nadar en el lodo para mantenerme a salvo, mientras lograba aferrarme al lazo que aquellos que me aman sostenían para intentar salvarme, fue difícil, subir 100 metros agarrada a ese lazo, las manos me sangraban, la respiración me faltaba, mis ojos estaban nublados, pero lo único que tenía claro es que ese lazo era la única opción. Y llegó el momento, logré salir, agotada, asustada, y acabada, pero ahí estaban, mis salvadores, mis hijos, mi madre, mis pocos y verdaderos amigos, y sin saberlo también ahí estaban muchas personas, aquellas que han creído en mí, y tantas otras a quien en algún momento les iluminé el camino y yo ni si quiera lo sabía.

Lavé mi rostro, cambié mis ropas y empecé a curar mis heridas, ya no tuve prisa, entendí que hay procesos por los que se debe pasar. Vi el sol, siempre estuvo allí, pero tenía años de no verlo brillar, sentí el viento, sentí el amor, volví a vivir. Lloré, lloré mucho, me perdoné y me perdonaron, y empecé de nuevo, pero a pesar de estar en un punto de partida con las manos vacías, no empecé de cero, porque mi mente y mi corazón estaban llenos de experiencia y sabiduría.

Hoy estoy aquí, viviendo, con profundo agradecimiento, sorteando cada uno de los desafíos que la vida trae consigo, hoy sé cómo afrontarlos, falta mucho, pero no paro de aprender, veo el pasado ya sin dolor, sin culpas, con un poco de vergüenza, pero solo lo veo, ya no lo vivo, ya no lo siento.

Te agradezco inmensamente por tener este libro en tus manos, espero seas eco de los aprendizajes que de él tengas, no hay nada más maravilloso que servir.

Con amor... *Andrea*

Made in the USA
Middletown, DE
05 August 2024

58507540R00172